Ecco Meineke

Ich sehe schon den Tunnel am Ende des Lichtes

W0090068

Danksagung

Gewidmet Sandra Vogell (29. März 1968 – 22. März 2022)

und den vielen lieben Kolleg*innen, Veranstalter*innen, Techniker*innen, Agent*innen, Journalist*innen, Webmaster*innen, Fotograf*innen und Kameraleuten, Bürokräften, Putzkräften und all jenen politischen und kämpferischen Menschen, die sich ein Herz bewahrt haben für die Schwächeren der Gesellschaft.

Ecco Meineke

Ich sehe schon den Tunnel am Ende des Lichtes

Kabarettistische Kommentare

Alibri Verlag
Aschaffenburg

2024

Alibri Verlag
www.alibri.de
Aschaffenburg
Mitglied in der Assoziation Linker Verlage (aLiVe)

Erste Auflage 2024

Umschlaggestaltung: Eva Witten
Titelbild: Ecco Meineke
Druck und Verarbeitung: Dardedze Holografija, Riga

ISBN 978-3-86569-384-6

Inhalt

Warm up

Text 1
Das Märchen von den guten Ratschlägen

Ein Mann ertrinkt. Er schreit um Hilfe.

Vom Ufer aus ruft jemand:

„Selber schuld!"

Der Ertrinkende – mit letzter Kraft:

„Nicht schuld. Man hat mich ins Wasser gestoßen!"

„Was lassen Sie sich auch mit solchen Leuten ein?"

„Helfen Sie mir!"

„Im übrigen: vielleicht wollten Sie ja auch eigentlich ins Wasser gestoßen werden? Denken Sie mal nach, ob das was zu bedeuten hat."

Der Mann geht unter: „Ich ertrinke!"

„Irgendwas machen Sie falsch. Sie sollten sich mal gründlich untersuchen lassen!"

„Sie haben recht", rief da der Mann im Wasser und sprang mit den Füßen voraus an Land, kaufte sich ein teures Auto und unternahm Weltreisen.

Vorwort

Ist das Kabarett tot? Na klar! Jede Kunstform ist tot, kaum, dass es sie gibt.

Sie muss sich ständig weiterentwickeln.

Immer denken wir, wir sehen das Licht am Ende des Tunnels und schon kommt der nächste Tunnel. So geht Dialektik eben: Lotta continua.

Eine der ganz großen Fallen für das Kabarett sind die Filterblasen. Es ist einfach zu schmeichelhaft vor einem Publikum zu spielen, das die eigenen Meinungen teilt, auch für das Publikum selbst. Man fühlt sich in der Menge der Gleichgesinnten geborgen. So weit, so Nest. „Preaching to the converted" nennt man das.

Und damit sind wir im Jahr 2023, als ich dieses Buch schrieb. Im Sommer diesen Jahres traf sich eine ähnliche Filterblase in Erding.

Während die Welt unter Kriegen, Hunger und Dürren ächzt, sieht ein Teil der sicher nicht mittellosen gesellschaftlichen Mitte den Weltuntergang kommen, weil sie irgendwann einmal ihre Ölheizung durch eine klimafreundlichere Heizung ersetzen sollen. Es ist eben doch bequemer, wenn sich nichts ändert, da kann es noch so viele Klimakatastrophen geben. Hauptsache, die links-grün-alternativen Spielverderber verschwinden, die sich seit einem halben Jahrhundert den Mund fusselig reden. Es herrscht eine fettwanstige Gleichgültigkeit, die sich vom Stammtisch direkt in Regierungsämter geaiwangert hat.

Es gibt also viel zu tun: Gegen den toxischen Rechtsruck, den salonfähigen Rassismus, die schreiende soziale Ungleichheit, den trotzigen Männerkult!

Mit einem Mix aus ungezügeltem Humor und allem Bühnenzauber, der uns zur Verfügung steht.

Dieses Buch vereint viele satirische Texte, die mein verspieltes Hirn über die Jahre gebastelt hat. Wann sind sie warum entstanden?

Well, folgen Sie mir durch die vergangenen Jahre, vielleicht erinnern Sie sich an die eine oder andere Absurdität?

Kapitel 1
Wie alles begann: Vom Kleinstadt-Gymnasium ins Großstadt-Gymnasium

Wie alles begann?

Mit der Kindheit natürlich wieder mal! Ich wuchs in Kaufbeuren auf.

Besser gesagt, in einer Bundeswehrsiedlung oberhalb der Stadt.

Spätestens, als auch meine Familie einen Fernseher besaß, bekam ich komische Dinge zu sehen. Trickfilm-Folgen, deren übertriebene Mimik und Gestik den Comics entsprach, die ich verschlang und mit größtem Eifer studierte, um sie nachzumachen. Die berühmten eingebildeten muskelbepackten Doggen etwa, deren Brust nach oben anschwoll, während sie auf Zehenspitzen vorantappsten, verzerrte Gesichter, schielende Augen usw.

Jede*r meiner Bühnenkolleg*innen wird schon mal den Satz seiner Eltern gehört haben: „Mach dich doch nicht so hässlich!"

Aber die Lust an der Parodie ist halt eins der große Pfunde, die man für die Bühne nutzen kann.

Das nächste Pfund ist der kreative Umgang mit dem Wort, mit Doppeldeutigkei-

ten, Verwechslungen, Verballhornungen, Verdrehungen, Assonanzen. Sprache als abstraktes Material.

Einer der damaligen Meister, Heinz Erhardt, war ein Liebling meiner Eltern.

In der 6. Klasse schließlich kam ein Banknachbar ins Spiel, der mich überraschte, weil er sich offenbar in Politik auskannte, Zeitungen las und darüber humoristisch räsonieren konnte. Was wusste ich schon von Politik?

Nachrichtenbilder von Menschenmassen, die „Dubcek" riefen oder „Ho-ho-ho-Chi-Minh", sind mir in Erinnerung. Einordnen konnte ich davon nichts, ich fragte nicht und mir wurde auch nichts erklärt.

In der Grundschule herrschte noch brutale Prügelpraxis mit ausgerissenen Haarbüscheln und Schlagruten. Dann, im Gymnasium, ging es deutlich liberaler zu. Naja, Ausnahme war ein betagter Sportlehrer, der uns Jungs in einer Reihe antreten ließ, wo wir „Sieg Heil!" rufen sollten.

Bis zur elften Klasse hörte ich nichts über den Nationalsozialismus, wir sprangen vom Kaiserreich direkt zu Adenauer, i schwör!

Erst 1972 mit dem tragischen Ende der Olympischen Spiele erschienen in der Schülerzeitung, in der bis dato nur Lehrerwitze und Ausflüge behandelt wurden, plötzlich sehr erwachsene Reflexionen. Das Klima am Gymnasium hatte sich geändert.

Auf den späteren Weg als Kabarettist deutete trotzdem nichts hin.

Im Gegenteil, ich hatte mich in Altgriechisch verbissen und wollte unbedingt Archäologe werden.

Und da war noch die Musik als Leidenschaft. Ich kann da nicht weghören.

Und lasse mich gerne schnell begeistern. Meine Mutter, die sich in den 40er Jahren in Westberlin von Swing-Musik begeistern ließ, hat mir den Sinn für Jazz-Rhythms und Jazz-Harmonien vererbt. Mein Vater, hieß es, war auch sehr musikalisch, ich habe wenig Erinnerungen an ihn, denn als ich acht war, kam er bei einem Flugzeugabsturz mit einer Militärmaschine ums Leben. Kurz darauf starben auch meine Oma, mein Opa und meine Tante. Und dann zog meine Schwester nach München.

So blieb ich mit einer traumatisierten Mutter zurück, igelte mich in meinem Zimmer ein und hing Fantasien nach.

Mit acht Jahren ermunterte mich meine Mutter, klassischen Gitarrenunterricht zu nehmen, nach einem Jahr hatte ich genug.

Meine neue Leidenschaft war der Bossa Nova eines Baden Powell.

Kompliziertes, aber schönes Zeug.

Foto: Singat's-Festival 81 auf dem TU-Gelände hinter der Glyptothek in München. Das Festival war das erste seiner Art ...ier und hieß sehr bald TUNIX.

Auf dem abendlichen Spielplatz der Siedlung tauchten allmählich langhaarige Ältere auf, die die Gitarre wieder ganz anders nutzten: für Folk und Blues.

Für englische Songs.

Mit diesen „Skills" im Gitarrensack ereilte mich eines Tages der Ritterschlag. Ich wurde in die beliebte Schulband *Exitus* aufgenommen, sieben, acht Leute, die mehrstimmig sangen und mächtig gut waren.

Ich hatte außerdem begonnen zu zeichnen und zu fotografieren und sog alles in mich auf, was „Kultur" war und daran hat sich bis heute nichts geändert.

Aber Achtung: Dieses Buch beschränkt sich auf den „satirisch-literarischen" Lebensweg. Ein Buch ähnlicher Länge könnte ich über den musikalischen Weg schreiben.

Solchermaßen angefixt, kam ich 1977 nach München, um am Ludwigs-Gymnasium mein Abitur zu machen.

Gleich am ersten Tag lernte ich dort Werner Schmidbauer kennen und wir verstanden uns prächtig. Er stand ebenso wie ich auf Folk. Und verfügte über einen ebenso anarchischen Humor.

Einmal die Woche trafen wir uns in Großhadern, in seinem Elternhaus, und probten. Dass er sogar schon eigene Songs geschrieben hatte und ziemliche Ohrwürmer, fand ich sensationell.

Für mich als Nur-Gitarrist ein echter Ansporn. Wer hätte ahnen können, dass wir bald vor einem Millionenpublikum spielen würden und die kommenden acht Jahre Hunderte von Auftritten machen würden?

Bei einer privaten Geburtstagsfeier von Schmidbauer-Verwandten ließen wir einen Kassettenrekorder mitlaufen. Zur Selbstkontrolle. Damals suchte Michael Schanze Nachwuchskünstler für eine neue Show namens *Hätten Sie heut Zeit für uns?*, Werners Mutter schickte das Tape, ohne es uns zu sagen, als Bewerbung ein – und wir wurden ausgewählt!

Fehlte noch ein Name für uns: Wir nannten uns schlicht *Jedermann*.

Im November 1979 spielten wir in der Saarlandhalle Werners *Pubertätsblues* (ein Renner auf Youtube) und wurden angesagt als „Duo Jedermann", ein blöder Name, der uns aber blieb.

In der Schule waren wir schlagartig so was wie Promis. Was uns nicht vor einem Verweis bewahrte, weil wir in der Schule während des Schulbetriebs im Keller auch mit Saxofon probten. Aber was ist schon ein Verweis?

Als es bei uns in den Abitur-Endspurt ging, wurde in Regensburg eine Schülerin, Christine Schanderl, sogar von der Schule verwiesen. Sie trug auch während des Unterrichts einen „Stoppt Strauß"-Button an der Jacke.

Franz Josef Strauß, bayrischer Rechtspopulist der ersten Stunde und unverständlicherweise noch immer Namensgeber eines süddeutschen Flughafens, schickte sich an Kanzler zu werden. Abgesehen von einer Vielzahl von Skandalen, hatte er das noch immer erfolgreiche Trump-System von maximaler Panikmache und permanenter Überschreitung der rhetorischen Schamgrenzen perfektioniert, so verglich er missliebige Schriftsteller mit „Ratten und Schmeißfliegen".

Zum Klima der Eskalation gehörte auch das Spiel mit dem faschistischen Feuer. Die Unterstützung des blutrünstigen Militärputsches in Chile etwa.

Bis heute ist auch ungeklärt, warum die Sicherheitsbehörden vor und nach dem rechten Oktoberfest-Attentat so hartnäckig an der Einzeltäter-Theorie festhielten. Wir kennen das ja von den NSU-Ermittlungen.

Es war ja Wahlkampf damals. Der Attentäter Köhler hatte selbst vor seiner Tat gesagt: Ein Attentat, „könnte man es den Linken in die Schuhe schieben, dann wird der Strauß gewählt".

Strauß wies noch am Tatort die Schuld der sozial-liberalen Regierung zu, sie habe die Sicherheitsdienste systematisch verunsichert. Wir hörten noch am selben Abend von befreundeten linken WGs, die als erstes gefilzt wurden, bis sich sehr bald herausstellte, dass der Attentäter ein Mitglied der rechtsmilitanten „Wehrsportgruppe Hoffmann" war, die der liberale Bundes-Innenminister Baum gegen den erklärten Willen der CSU verboten hatte.

Damals 1980 erschien es dem bayrischen Verfassungsschutz ernsthaft wichtiger, Schüler anzusprechen, ob sie nicht Lust hätten, Stasi-mäßig Mitschüler zu bespitzeln. Als Reaktion gab es Schanderl-Soli-Aktionen auch von Münchner Schulen, so auch im „Ludwigs".

Unseren *Hoit's Maj* (Halt's Maul)-*Blues* hörte vor Ort auch ein gewisser Klaus Irmscher. Ein linker Liedermacher im Hannes-Wader-Gefolge, mit schnarriger Stimme. Er sprach uns an, ob wir nicht in einer Schwabinger Studentenkneipe und Kleinkunstbühne, im KEKK, auftreten wollten.

Unser erster Bühnenauftritt.

Kapitel 2
Die Kleinkunstszene

Das KEKK, 1971 gegründet, wurde damals betrieben von diversen festen Gastgebern: u.a. Klaus Irmscher, Christian Eckardt, Sigi Aldenhoff, Carola Gampe ...

Es war immer so bumsvoll, dass sich das Publikum bis auf die Bühne ergoss.

Die Bühne hatte als Gag einen unsichtbaren Vorhang, von dem nur das Gestänge und die Gleitringe übrig waren. Jeder wusste, dass das Programm erst begann, wenn die Ringe aufgezogen wurden.

Jahre später würden wir ebenfalls zu Gastgebern aufgestiegen sein und es „Newcomern" wie Günther Grünwald, der Grupo Valtorta oder Stefan & Erkan ermöglichen sich zu präsentieren.

Hier erwartete uns auch eine sehr nette und lustige Bedienung, die ein echter *Jedermann*-Fan war: Luise Kinseher. Sie würde später selbst ein Star der Kabarettszene werden!

Ein Wort zur sogenannten „Kleinkunst"-szene jener Jahre, die ihrerseits Vorläufer hatte, die wir nicht mehr erlebten (das *Song Parnass* etwa, in dem Konstantin Wecker gefeiert wurde): Hier war der Normalfall das, was man heute „Mixed programs" nennen würde. Man trat maximal eine halbe Stunde auf und so kamen das Publikum wie auch die Kolleg*innen in den Genuss, drei bis vier Acts am Abend erleben zu können. Eine große Inspiration, andere Kolleg*innen und deren Formensprachen kennenzulernen. Liedermacher, Dichterinnen, Pantomimen, Kabarett. Es dauerte also nicht lange und Werner und ich mischten das alles mit hinein in unser Songprogramm.

Am Ende saß man beisammen und erteilte ringsum Ratschläge, wie man sein Programm besser machen könne. Wie eine Pointe besser funktionieren könnte.

Inspiration waren auch die vielen Plakate und Flugblätter in den Bühnen!

Scheiß' auf Design und Inneneinrichtung!

Man erfuhr, was man sonst nicht erfuhr, wurde auf die reale politische Situation aufmerksam gemacht, wusste, wann welche Demo war.

Was wir in der hermetischen, bürgerlich-kultivierten Gymnasialwelt nicht zu sehen und zu hören bekamen, stürmte jetzt auf uns ein und öffnete uns die Augen. Nein. Ich wollte kein Archäologe mehr werden:

Ich wollte die Gegenwart verstehen.

In Bonn regierte die sozialliberale Koalition unter Helmut Schmidt, die GRÜNEN waren noch nicht im Bundestag, aber die außerparlamentarische Opposition setzte die Themen in der „Szene": Umweltzerstörung, Atomkraft , die drohende Militarisierung Europas nach außen wie nach innen.

Die autonome Bewegung formierte sich. Die Situation war definitiv politisiert und diese Stimmung schwappte durch die vielen kleinen Bühnen, die wie Pilze aus dem Boden schossen auch auf das konservative Hinterland, wo Gruppen wie die *Biermösl Blosn* Aufbauarbeit leisteten.

Im April 1980 wurden wir zu einer Nachfolge-Schanze-Show in die Ruhrlandhalle in Bochum eingeladen. Dort lernten wir den lässigen, supernetten Kollegen Wolfgang Oppler kennen, einen wahrhaft poetisch-witzigen Mundartdichter, der uns kurze Zeit später mit ins *Robinson* schleppte.

Ich erinnere mich genau an den Spaziergang von der Implerstrasse durch das Tunnel-Gewirr des ehemaligen Südbahnhofes, das beeindruckende backsteinerne Milieu der Lagerhausstraße. Fühlte mich in der Großstadt „angekommen" und da war sie

nun, die *Liederbühne Robinson*, die ins vierte Jahr ihres Bestehens ging.

Auch hier war es knackevoll und ausgesprochen lebendig. Im KEKK war das Publikum etwas jünger und gänzlich fokussiert auf das Bühnengeschehen, denn der Raum war von der gastgebenden Wirtschaft draußen getrennt, dem *Heppel und Ettlich* der Berliner Zuagroasten Henni Heppel und dem Filmemacher Wolle Ettlich.

Im *Robinson* kam und ging das Publikum, es wurde immer weiter ausgeschenkt und Essen getragen, die umtriebige Hanni Schmidt besorgte das Booking und gab uns auch hier eine Chance.

Hier gab es schon Matadoren wie den liebenswerten Zither Manä, den Fredl Fesl, der quasi jeden Tag da war und dann besonders gerne am Flipper, und Bruno Jonas, der das Zeitgeschehen sehr bissig auseinandernahm. Schon bald würde er in das Ensemble der Lach- und Schießgesellschaft berufen werden und dort für vier Jahre bleiben.

Der Garmischer Punk-Barde Ringsgwandl lieferte furiose Auftritte, Willy Astor, Andreas Giebel und Hans Söllner würden hier bald ihre ersten Gehversuche machen.

Am Ende eines Abends spielten meistens Musik-Ensembles wie *Kamac Pacha Inti*, eine Gruppe chilenischer Exilanten oder die

Backyard Blues Band mit der irischen Sängerin Valery McCleary.

Das *Robinson* wurde quasi unser Wohnzimmer.

Bald lernten wir auch das „MUH" kennen, das *Musikalische Unterholz* in der Hackenstraße, Innenstadt, das auch schon seit zehn Jahren existierte und einen guten Ruf hatte. Uwe Kleinschmidt, ein ziemlich beleibter, eine große Gleichmut ausstrahlender Buddha, galt als graue Eminenz der Kleinkunst.

Der spätere Mitgründer des *Tollwood*-Festivals wird von Helmut Eckl, einem der umtriebigsten Münchner Mundart-Dichter, in seinem lesenswerten Buch *Vom MUH in die Ottobrunner Strass* folgendermaßen und sehr treffend beschrieben: „Chaotisch, sympathisch und immer am Rande des wirtschaftlichen Ruins".

Einer jener kreativen Köpfe, der tolle Ideen hatte, die dann andere im Schweiße ihre Angesichts zu realisieren hatten.

Auch auf dem „Land" gab es einen blühenden Wildwuchs alternativer und zumindest grün- oppositioneller Kleinkunstbühnen. Über Hannis Freundin Uli Singer gerieten wir an das *Wörthseebrettl*, die Brüder Reiner und Dieter Panitz, die als *Mehlprimeln* auftraten, luden uns nach Buttenwiesn und erzählten einiges über den erfolgreichen Wi-

derstand des Donaurieds gegen Pläne, dort ein Atomkraftwerk zu errrichten. Wir lernten das *Hörbacher Montagsbrettl* des verdienten Heimatpflegers Toni Drexler kennen und landeten selbstverständlich auch in der ersten „Hippie"-Bühne meiner Heimat, im Irseer *Altbau* des kunstsinnigen skulpturenschaffenden Klaus Michlfelder, bei dem ich später stets meine Soloprogramme zuerst aufführte.

In Feldafing gab es den Verleger Friedl Brehm, der einige unserer Songs abdruckte, was uns mächtig stolz machte.

Wir absolvierten wohl Hunderte von Auftritten und es gab Wochenendtage, an denen wir zuerst im KEKK spielten, dann zum *Robinson* fuhren, um am Ende noch im MUH aufzuspielen.

Neben den Bühnen waren wir, dem alternativen Geist jener Jahre verpflichtet, bei vielen politischen und Bürger-Initiativen am Benefizen.

Wir spielten in Stadtteilzentren, für Menschen mit Behinderung, Anti-Atomkraft-Organisationen, für die GRÜNEN und viele Umwelt-Initiativen.

1983 etwa war das Waldsterben ein wichtiges Thema geworden. Die rapide steigende Verbrennung von Öl und Gas in Industrie und Verkehr verursachte eine Verschmutzung und Versauerung von Luft, Wasser und

Böden in einem Ausmaß, das nicht mehr zu ignorieren war.[1]

Letztlich spülte der Protest gegen die Umweltzerstörung die neue Partei der GRÜNEN in die Landtage.

Mich inspirierte besonders das innige Verhältnis der Deutschen zu Weihnachtsbäumen zu einem Song mit dem Titel „Kommet frisch und wieder".

Text 2
Weihnachtslied: „Kommet frisch und wieder"

Kommet frisch und wieder
Kommt das Christus-Weihnachtsmann
Kommt mit seinen nieder,
wo wir frisch und Gaben.

Schnell den Onkel aufgestellt!
Fest die Schrauben, dass er hält!
In die linke Ecke rein.
Ei, da macht er sich gar fein!

Schon lange ätzt der saure Regen [[Fussnote?
Onkeln seine Magengegend.
Fressen, Stress und noch ein Bier
Gibt ein artiges Geschwür.

Dann kam er ins Krankenhaus.
Doch heut' holen wir ihn raus.
Die karierte Jacke an:
Ja, da lacht der kranke Mann!

Mutti schmückt den linken Arm.
Vati zwickt die Kerzen dran.
Onkel, schön siehst du jetzt aus!
Besser als im Krankenhaus.

Lass nicht deinen Kopf schon hängen!
Sollst doch Freude uns noch schenken
Strahle nur in vollem Gla-anz!
Riechst du schon die fette Gans?

In die Hände die Geschenke.
Kugeln in die Kniegelenke.
An die Ohr'n zwei Glöcklein, ei!
Freut euch, bald ist es vorbei!

Dann werden schon die ersten Bissen
Und der Onkel weggeschmissen
Alles fragt sich dann im Raum: Wer ...
Spielt im nächsten Jahr den Baum?

Anmerkung
1 Das Waldsterben ist aber auch ein Beispiel dafür, dass Umweltschäden, wenn gehandelt wird, nicht unumkehrbar sein müssen:
vorher: https://www.spiegel.de/politik/saurer-regen-der-schaden-ist-irreparabel-a-96a4a916-0002-0001 -0000-000013508531
nachher: https://www.sueddeutsche.de/wissen/luftverschmutzung-das-ende-des-sauren-regens-1.913504

1982 war das Jahr der „Wende". Die bisher mit der SPD koalierende FDP unter Genscher machte den Wendelin und lief zur CDU über.

Der Pfälzer Helmut Kohl wurde Kanzler, die von ihm beschworene „geistig-moralische Wende"gehört bis heute zu den großen Rätseln der Menschheit.

Vermutlich war es ein Flick-Werk oder Schwarze Kassen oder beides. Erst nach schier endlosen Jahren Kohl kamen Dinge ans Licht, die mit einem „Ehrenwort" und einem beteuerten „Blackout" sofort wieder im Tunnel verschwanden, aus dem dann Angela Merkel herausgefahren kam.

Es war schon damals auffallend, wie unterschiedlich Kabarett ausfallen kann. Natürlich war Kohl wegen seiner äußeren Kassenbrillen-Erscheinung, dem stets beleidigten Tonfall und der unzeitgemäßen Phrasendrescherei eine Witzfigur.

Schon die Erwähnung des Namens rief Lachen hervor. Ein gefährlicher Automatismus. Ein Bashing an der Oberfläche.

Denn von den Mechanismen im Hintergrund wusste man viel zu wenig. Spät erst dämmerte es der Öffentlichkeit, dass Kohl, der Saubermann von Oggersheim, heimlich eine halbe Million Mark Bargeld der Firma Flick erhielt. Man nannte es „Parteienfinanzierung" (auch SPD und FDP wurden bedacht), von der die Öffentlichkeit allerdings nichts erfuhr. Wie durch ein Wunder wurde dafür gesorgt, dem Groß-Industriellen Flick beim Steuersparen zu helfen.

Mit der Zerschlagung der Post läutete Kohl eine Ära der Privatisierungen ein, erfand die Eigenbedarfskündigung, der soziale Wohnungsbau kam zum Erliegen. Statt den öffentlich-rechtlichen Rundfunk („Rotfunk") abzuschaffen, förderte man das deutlich leichter zu kontrollierende und über weite Strecken verblödende Privatfernsehen.

1982 bereits waren massive Kürzungen im Gesundheitswesen Thema in der Presse. Bis heute hat sich am Pflegenotstand nichts geändert: Noch immer zu wenig Personal, zu geringe Entlohnung.[2]

„Frau Rieger" war einer der ersten etwas längeren Sketche, die Werner und ich performten.

Anmerkung

2 https://www.zukunft--der--arbeit.de/gesund-href-kohl.htm
https://www.ulrich-walter-diehl.de/politische-aufkl%C3%A4rung/deutschland/pflegenotstand/

Text 3
Frau Rieger oder: Die Lösung des Pflegenotstands

SZENE Krankenhauszimmer. Im Bett liegt eine alte Frau: Frau Rieger.

FRAU RIEGER (röchelt)

HhHhHh.

ARZT (mit rauer Stimme)

Frau Rieger? Ja Frau Rieger, Sie leben ja noch! Schwester Karin sagte mir doch gerade eben, Sie seien tot?

Und Schwester Karin ist eine erfahrene Schwester. Die ist ja nun schon … warten Sie … seit 13 Jahren bei uns, die wird das ja wohl wissen! Ich meine, es sind ja schon die Herren vom Beerdigungsinstitut unterwegs.

Frau Rieger!

FRAU RIEGER (sehr aufgeregt)

HhHhHhh.

ARZT

Also, Frau Rieger, was machen Sie für Geschichten, jetzt muss ich aber schon böse werden! Haben wir uns nicht um Sie gekümmert, die ganze Zeit! Das müssen Sie auch mal anerkennen, nicht? So ein Krankenhaus ist ein großer Betrieb, da müssen wir alle zusammenhelfen, dass auch alles so richtig klappt.

Also Sie machen Geschichten, Frau Rieger! Wissen Sie was, wir legen uns jetzt ganz ruhig wieder hin, nicht?

Die Herren werden ja bald da sein …

FRAU RIEGER (sehr sehr aufgeregt)

HhHhHh.

ARZT

Frau Rieger! Ich … (er schaut auf die Uhr) … Ouh ouh ouh. Jetzt mal mit ganz einfachen Worten.

Für Sie gibt es eine Grenzverweildauer, die ist überschritten, und die Pauschalen geben das einfach nicht her, ja? Es rechnet sich nicht.

Mein Gott, überlegen Sie mal, Sie sind jetzt 70! Die Rente wird ja auch nicht sooooo super sein? Ja, was wollen Sie denn da noch …?

FRAU RIEGER

Ch- Leben, chheben …

ARZT

Ach!! Leben, Leben!! Was wissen Sie denn vom Leben?

Ich habe weiß Gott viel durchgemacht, es ist wirklich kein Zuckerschlecken gewesen und Sie kennen mich ja: Ich bin ein ganz schön zäher Brocken.

Aber ich an Ihrer Stelle … ich würde sterben, was wetten wir? (hebt Hand für ein Gimmefive, stutzt)

Frau Rieger??? Hallo?

Frau Rieger ist entschlafen, der Arzt horcht nochmal, stellt den Tod fest. Er zieht den Kittel aus und spricht mit völlig klarer Stimme ins Smartphone:

„Dr. Brinkmann, das Bett ist jetzt frei! Bitte? Jaja, die Rechnung wie üblich an die … Schauspielagentur."

Ein emsiges Pädagog*innen-Kollektiv, das der Jugendkultur in München eine Auffrischungsspritze verschaffte, nannte sich *Feierwerk*.

Jedermann war von Anfang an mit dabei, 1984 als Teil von „Schüler*innen auf Cool Tour", wir traten in fünf Gymnasien auf, gemeinsam mit den jungen Nachwuchs-Kabarettisten Helmut Schleich, Andreas Rüttenauer und Christian Springer, die sich *Fernrohr* nannten.

Die Zeit mit *Jedermann* ging zu Ende, als Werner dem Angebot folgte, ein Jahr lang nach Kenia zu gehen, um dort als Surflehrer zu arbeiten. Ich blieb zunächst ratlos zurück,

fing an zu studieren (Germanistik, Kunstwissenschaft, Theaterwissenschaft) und übte so intensiv Gitarre spielen, dass ich mir justament eine hartnäckige Sehnenscheidenentzündung an *beiden* Armen zuzog, die mich mental ziemlich runterzog. Aber die Beine funktionierten ja noch, also nahm ich Stepunterricht im Studio der Kessler Zwillinge an der Schleißheimerstraße.

Werner und ich verloren uns dennoch nicht aus den Augen, auch nicht, als er seine Laufbahn im Bayerischen Fernsehen begann. Wir spielten bald mit der schon erwähnten wunderbaren Sängerin Valery McCleary als Trio *Folksfest* weiter.

Kapitel 3
Erste Soloversuche

Ich hatte zwischenzeitlich Theater gespielt, mit einem Freund einen Spielfilm geschrieben und produziert und zog im September 1985 zu – Hanni Schmidt, direkt über das *Robinson*. Wie glücklich ich war!

1985 war das Jahr, in dem ich – Computerfreaks aufgemerkt! – meinen Commodore 64 durch einen ATARI ST ersetzte. Wow! Genau genommen war aber jeder Kauf von Elektronik sinnlos. Denn mit der einsetzenden Massendigitalisierung wurde jeder Kunde zu einer Art modernem Sisyphus.

Die Produkte waren schon einen Tag nach dem Neukauf „völlig veraltet"!

So gab ich auch meinem allerersten Solokabarett-Programm den Titel „völlig veraltet" und diese Geschichte zum Besten:

Text 4
Horst

Horst ist jetzt grade zurückgekommen, aus Hannover. Von der CEBIT, der Computermesse. Hat mich auch gleich angerufen und wollte gleich loslegen, nach dem Motto: Wahnsinn! Die neue TOS-Generation macht jetzt 400 Kilohertz und hat ne Baudrate von bla ... ich hab gleich gesagt:

„Horst! Ich will's gar nicht wissen! Horst, bitte, du weißt, ich bin in Therapie."

Horst ist einer meiner besten Freunde. Wir gingen zusammen auf die Schule und nach dem Abschluss verloren wir uns jahrelang aus den Augen, bis wir uns vor fünf Jahren wiedertrafen, zufällig, auf der Straße, sind gleich n Bier trinken gegangen, plauderten und sprachen über dies und das ... und plötzlich lässt Horst, so ganz beiläufig, den Satz fallen „Ach ja und weißt du: Ich bin User."

„Mensch Horst!", sag ich, „Du? ... Mein Gott!" – Ich war echt betroffen!

„Wie konnte das passieren?" Sagt er: „Wieso, was ist denn schon dabei? Ich bin halt *Anwender*."

„Jaja, Horst", sag ich, „Anwenden nennt man das jetzt ... Horst! Damit macht man keine Witze!"

Bis er mir die Sache dann erklärt hat! Also unterm Strich kam halt raus: Er ist süchtig.

Ich war ja damals noch clean. Also ich hatte bis zu dem Zeitpunkt tatsächlich nichts genommen. Echt. Ja! Ich war total gegen das Zeug.

Ich hab immer gesagt: Ich hab meinen Bleistift, da ist mein Papier und dann brauch ich noch'n Bleianspitzer, Radiergummi – fertig!

Hey, jahrhundertelang isses doch auch gegangen! Die Bibliotheken stehen voll mit Büchern, die nicht in einen Laptop getippt wurden.

Also ich war voll Anti. Aber kannste ja nich durchhalten auf Dauer …

Dachte mir halt, o.k., du gehst jetzt mal heimlich in so'n Fachgeschäft, hab ich auch gemacht und hab gesagt (konspirativ flüsternd):

„Haben Sie … haben Sie Computer, ich meine irgendwas kleines, nur mal so zum kosten."

„Nehmen Sie doch einen Gameboy?"

„Ich will keine Beziehung zu einem Mann! Ich will einfach einen Computer … ausprobieren? 'C.O.N.P.J.U.T.A.'! Haben Sie das? Muss ja nichts Großes sein!"

„Ja, dann nehmen Sie nen Laptop, den kann man überall mit hinnehmen."

„Ich traue Ihnen nicht, ist das auch so was wie ein Gameboy?"

„Nein, nein, das ist schon ein Riesenunterschied."

„Aha und welcher?"

„Wenn sie einen Gameboy aufklappen ist er kaputt."

„Gut, also ich gebe zu, ich kenne mich nicht aus. Ich bin blutiger Laie."

„Na, dann nehmen Sie am besten 'n C64."

„Äh, tut das weh, is da irgendwas drin, ist das so was wie LSD?"

„Nee, nee, das hat heute jeder, das kaufen schon die kleinen Kinder."

„Ah?"

Hab ich mir also einen mitgenommen. Komm ich nach Hause, schalt dat Ding ein. Passiert nichts.

Denk ich mir irgendwie, äh … und jetzt? Hab ich also Horst angerufen, sagt er:

„Naja, ohne Software kannst du natürlich nix machen."

Hat er mir also Software vorbeigebracht. Ich sag, Horst, ich vertrag einiges, also du kannst mir ruhig auch Hardware geben. Hat er irgendwas gemurmelt, „Idiot" oder so was.

Tja, hatt' ich also Software. Das war natürlich was anderes.

Tust die Disketten rein und ZACK! … Geht nichts!

Ich saß wohl Tage, Nächte, Wochen, Monate an dem Ding.

Ich habe nichts mehr gegessen, nicht mehr geschlafen, niemand bekam mich zu sehen, denn ich hatte eine Fülle von Problemen zu lösen, die unter dem Oberbegriff liefen: „Wieso geht's denn nich?"

Kauft man sich irgendein Küchengerät, was weiß ich, n Quirl oder was, steckt das Ding in die Steckdose, geht's.

Bei Computern ist das anders.

Nach fünf Monaten war es soweit.

Ich hatte einen Satz geschrieben.

Das letzte Mal, als ich ein ähnliches Glücksgefühl verspürt hatte, war ich in der ersten Klasse.

Hab gleich Horst angerufen, hab gesagt:

„Mensch Horst, komm mal vorbei, ich hab's geschafft."

Kam er vorbei, hab ich meinen Satz gezeigt.

Sagt er: „Und wie lange hast du dafür gebraucht?"

Sag ich: „5 Monate."

Sagt er: „Naja, is ja kein Wunder, das Ding is ja völlig veraltet. Das hat doch heute keiner mehr. Das is ja nur noch 'n Spielzeug, das hat ja viel zu wenig Bit, du musst aufrüsten, Junge!"

Sag ich: „Was, ich soll aufrüsten? Alle Welt rüstet ab und ich soll … was soll ich denn machen, soll ich Sprengköpfe dranschrauben?"

Sagt er: „Quatsch, du brauchst'n anderes System."

Sag ich: „Das erzähl ich doch schon seit Jahren, ist doch alles korrupt hier!"

Na, murmelt er irgendwas, „Idiot" oder so, und meint, ich soll mir ne Festplatte kaufen.

Gut.

Hab ich mir ne Festplatte gekauft.

Es ist also schon ein Unterschied wie Tag und Nacht.

So'n Ding hat ja ne riesige Kapazität, geht ja alles rasend schnell damit, ne?

Also, ich saß glaub ich Tage, nächtelang an meiner neuen Festplatte und überlegte, „warum geht's denn nicht?"

Nach'n paar Monaten hab ich das Ding dann wieder zurückgebracht, zum Feinkostladen und hab gesagt, also, die Festplatte, die sie mir da verkauft haben … hat ja wirklich schön ausgesehen und so, richtig appetitlich, aber es funktioniert ja nicht, außerdem ist es inzwischen völlig vergammelt.

Sie haben die Platte auch zurückgenommen und irgendwas gesagt, „Idiot" oder so.

Horst meinte bloß: „Vergiß' das alles, kauf dir'n PC!"

Sag ich: „Nö! Ich kauf mir jetzt gar nichts mehr.

Ich will nich mehr.

Das Zeug wendet mich an.

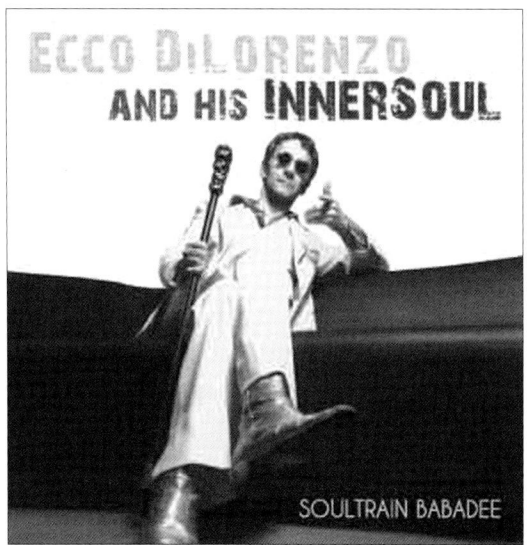

1985 schlug ich einen musikalischen Weg ein, dem ich bis heute treu geblieben bin. Ich gründete eine Soulband und nannte mich *Ecco DiLorenzo*. Die Band wuchs von einem kleinen Quartett bis zur heutigen elfköpfigen Formation *Innersoul* heran.

Trotzdem spielte ich weiter auf den Kleinkunstbühnen.

Im Frühjahr 2020 verfügte die Bayerische Staatsregierung im Zuge des Infektionsschutzgesetzes in öffentlichen Gebäuden eine Maskenpflicht. Tja!

Ich erinnere mich noch gut daran, wie die Unionsparteien 1985 das „Vermummungsverbot" einführten. Auf Demonstrationen dürfe niemand sein Gesicht verhüllen. Grund: Behinderung der Strafverfolgung. Bei Straftaten, die von Polizisten begangen werden, beißt man allerdings prinzipiell auf Granit.

Die Militarisierung der Polizei und ihre Instrumentalisierung für den Einsatz gegen soziale Protest und Umweltbewegungen erreichte in den 1980ern immer neue Eskalationsstufen. Schlagstockeinsätze, Wasserwerfer, Ausrüstung mit CS-Gas.

Bei Klagen gegen Übergriffe stand meist Aussage gegen Aussage, was ich wie folgt in einem Gedicht zusammenfasste:

Text 5
Datenschutz

„Sie wissen wohl nicht,
wen sie vor Sich haben?",
sagte der Polizeibeamte,
und das sei auch „ganz gut so",
und schlug weiter.

Nicht lange und Tschernobyl ging in die Luft! Es war im Frühling, 26. April 1986. Herrliches Wetter und man wusste doch, dass der Ost-Wind unmittelbar danach eine radioaktive Wolke über Europa trug.

Vor Milch, Frischgemüse, Pilzen, Wildfleisch wurde gewarnt. Die Welt um uns war augenblicklich eine gespenstische geworden.

Die bisher atomgeile Politik der Union formulierte sich in der Kommunikation der Krise einen Wolf.

Ich formulierte auf der Bühne natürlich mit:

Text 6
Tschernobyl

„Die Schwangeren dürfen in Niedersachsen wieder auf die Weide getrieben werden und der Verzehr von Frischkindern liegt unterhalb der oberen Wahrscheinlichkeit, dass sich die Sterblichkeitsrate außerhalb von Gebieten mit dem höchstzulässigen Grenzwert des unteren Levels, auf das sich die EG-Kommission zur Stunde nicht geeinigt hat, nicht in dem Maße erhöht wie die letzten Wochen, sondern im prozentualen Rahmen der normalen Wachstumsrate der natürlichen Strahlung liegt."

Im Sommer desselben Jahres hatte mich das *Robinson* gebeten, das Booking für die Juni-Sonntage zu übernehmen.

Eine Herausforderung, die ich auch sehr sportlich annahm! So gründete ich für jene vier aufeinanderfolgenden Wochenenden jeweils eine Gruppe mit vollem Abend-Programm.

Eine davon war eine Moritaten-Gruppe: die *Münchner Bänkelbande* (MBB) mit Adele Frost, Andreas Duderstedt und mir. Unser Ziel war es u.a. Skandale der Gegenwart zu besingen. In einer übertrieben altertümlichen Sprache, auf arm und alt kostümiert und mithilfe von bewusst naiv gestalteten Schautafeln.

1985 hatte der französische Geheimdienst in Neuseeland ein Schiff der Umweltschutz-Organisation *Greenpeace* in die Luft gesprengt und dabei ein Besatzungsmitglied ermordet, um Proteste gegen die Atomwaffentests der französischen Regierung in der Südsee mundtot zu machen.

Aus diesem Anlass schrieb ich *Rainbow Warrior*.

Text 7
Rainbow Warrior

„Die Ballade von der ruchlosen Versenkung eines stolzen, aber wehrlosen Schiffes in den Gewässern des Stillen Ozeans geschehen daselbst am 10. Juli im Jahre des Herrn 1985

oder

Wie sich wieder einmal zeigt, wie wenig ein aufrechtes Verhalten auszurichten vermag gegen ein geheimes Komplott, welches von höchster Stelle sanktioniert!"

1

Nicht wahr? Statt dass in Ehrfurcht vor des Lebens Gnade
der Mensch zufrieden einfach zueinandersteh'
Bereitet er von Gold geblendet immer Schade
dem, über dessen Leiche er dann endlich geht

2

So höret inniglich – so ihr noch nicht vernommen –
die Tat zu Auckland weit im Pazifischen Meer,
Es möge Euch zu Ohr'n die Moritat nun kommen,
in der vollständig wird beschrieben das Malheur

3

Nachdem nun fast 200 Mal schon die Franzosen
dort in der Südsee brachten zur Explosion
die Polyneseninseln, wo bald heimatlos sind
die Menschen, Pflanz und Tier und krank das Chromosom

4

Da ging vor Anker, es war Juli jenes Jahres
Die Sonne brannte heiß herab auf Übersee
ein Schiff in Auckland, an Neuseelands Küste war es,
wo kurz darauf das schreckliche Gescheh'n geschehen

5

Denn dieses Schiff, gesandt zu retten Mururoa,
die ganze Menschheit, das Atoll und die Korall',
und das gelandet nur auf Zwischenstation war,
das zerbarst in jener Nacht mit großem Knall.

6

Die *Rainbow Warrior*, des Schiffes stolzer Name,
begrub Fernando Pereira unter sich.
Den Attentätern aber, die sogleich entkamen,
kamen die Häscher aus Neuseeland auf die Schlich'

7

Jedoch bar eines Haftbefehls entließ man diese
samt ihres Schiffs, das sich *Ouvea* hat genennt
Und die, den Händen der Gerechtigkeit entrissen,
haben ihr verräterisches Schiff versenkt

8

Dann flohn der Bösewichte dreie nach Gabun
Man sieht, wie weit inzwischen sich das Netz verzweigt
Wo sie beim Präsidenten selbst nun Wache tun
Der vierte aber floh nach Frankreich, wo er schweigt

9

Indes in Auckland ward man eines Paares habhaft,
das sich als Ehepaar „Turenge" hat ausgegebt,
das aber vom Geheimdienst in Paris beauftragt,
mit der *Ouvea* hat die Missetat gewebt

10

All die Genannten und noch andre war'n Agenten,
die regulär auf Korsika sind stationiert,
befohlen von Pierre Dillais als Kommandenten
und haben diese Tat heimtückisch ausgeführt

11

Der gute Ruf von Frankreich hatte schwer gelitten
So wurden unbekannte Täter konstruiert
und ein Minister wurde brav zurückgetritten,
die wahren Mörder aber rehabilitiert

12

Zum Beispiel kam das falsche Ehepaar „Turenge"
für 7 Tausend Tausender auf freien Fuß,
wobei es aber für die teure Apanage
verbannt zur Strafe in der Südsee bleiben muss.

(Alle rufen bedauernd „Ooooh!")

Nachsatz zur Rainbow Warrior Moritat:

Viele Jahre sind nun seit jener ruchlosen Tat ins Land gezogen und diese Moritat möge dazu beitragen, dass dies Ereignis dem Strom des Vergessens entrissen werden möge.

Dem aufgeweckten Rezipienten sei angemerkt, dass auch die unmenschliche Verbannung der letzteren, welchselbige die UNO anempfohlen hatte, nicht von allzu langer Dauer war:

Kaum zwei Jahre später wurde Alain Mafart alias Turenge von derart grauenvollen Bauchschmerzen geplagt, dass sich die Pariser Regierung genötigt sah, ihn unter Hinterlassung von weiteren zwei Millionen Dollar endgültig nach Frankreich auszufliegen und durch eine großzügige Beförderung zu kurieren.

Die Mordtat fand somit ein unrühmliches, jedoch allseits akzeptiertes Ende, auf Moruroa allerdings ist alles gleich geblieben.

Die Familie Fernando Pereiras erhielt eine Entschädigung von umgerechnet 300.000 Euro. Der Oberkommandierende der „Operation Satanique", General Jean-Claude Lesquer, wurde rund zehn Jahre nach der Versenkung zum Großoffizier der Ehrenlegion ernannt, die zweithöchste Auszeichnung Frankreichs.

Zwischenzeitlich wurde ich Moderator einer BR-Hörfunksendung namens *Rocklok*. Sie lief vor dem *Zündfunk*. Redakteur Walter Meier hatte ein kleines Team versammelt. Die Musikjournalistin Ingeborg Schober etwa und eine junge talentierte Frau namens Sandra Maischberger.

Ich machte das ein Jahr und wie schon an der Uni, fragte ich mich: „Warum analysierst und präsentierst du Werke anderer? Mach selbst was!"

Ja doch!

Die Uni hatte sich eh verändert. 1989 sollte ich zur Unterstützung eines Uni-Streiks Kabarett machen. Wer immer sich das ausgedacht hat, lag falsch.

Ich stand da vor einer feierwütigen Menge und gab politische Pfiffigkeiten von mir. Die Tonanlage vermochte mich nicht über den Pegel durcheinander Schreiender zu heben. Einzig verständlich waren zwei Jungs, die „Ausziehen!" nach vorne riefen, mit langgezogenen Vokalen. Ich hatte Fritz Teufels großartigen Satz im Kopf und gab ihn gleich zurück: „Wenn es der Wahrheitsfindung dient!". Daraufhin zog ich mir die Hose runter und wartete ab. Es wurde tatsächlich ruhiger.

Im Frühjahr 1988 hatten Uwe Kleinschmidt und Rita Rottenwallner die Idee, aus dem Programm der Kleinkunstbühne *Musikalisches Unterholz* (MUH) ein ökokulturelles Festival zu machen. Am 1. Juli 1988 startete dieses Festival. Sie nannten es *Tollwood*.

1990 rief mich Uwe an und sagte: „Ecco, magst da nicht irgendwas machen? Wir haben da so ein Holzklettergerüst mit einem Dach in acht Metern Höhe? Es heißt 'Artgerüst'."

Anrufe solcherart sind für mich Futter. Ich schrieb innerhalb weniger Tage eine ganze Reihe von Geschichten und Gedichten. Dann packte ich mein Radl und fuhr in die sandige „Wüste" da draußen am Olympiapark. Ich kletterte mit dem Fahrrad in der einen Hand das Gerüst hinauf, legte das Rad neben mich und begann meinen Auftritt. Mit einem neuen Text über das Phänomen der bayerischen Traditionspflege …

So mancher Amtsträger ist mit der Aufgabe, eine Rede zu halten, überfordert. Das beginnt mit der Abfassung des Textes und hört bei der sprachlichen Umsetzung nicht auf. Nimmt man die philosophische Frage dazu, auf welche Zeit man „Tradition" datiert, bis zu welchem Erdzeitalter man zurückgehen will, dann spricht nichts dagegen, wenn man sich im „Hopkinsleitninger Tal" nostalgisch an die Entdeckung des Feuers erinnert:

Text 8
Tradition (1989)

Ich bin kein großer Mann … großer Worte, liebe Freunde der Bayerischen Brauchtumspflege und … woaß scho! – liebe Freund-innen der Bayerischen Pflau… äh.. tuchpflegerinnen.

Aber wiare scho eingangs erwähnt, bin ich kein Wort großer Männer, kurz gsogt, muaße und es is ma a ganz a große Ehre, derfe Eahna, Herr Prof. Glumphaderer zunächst amois im Namen des Kreisbezirksvorstands für Ihre aufopferungsvolle Vereins…meierei danken und wünsche Ihnen … die auch die unsere ist, viel Erfolg … ääh in die Zukunft blicken.

Zukunft und Vergangenheit … und Gegenwart san in Bayern scho von jeher einen unverwechselbaren Stempel aufgedrückt.

Was friahras undenkbar schien … des konn si heit koana mehr vorstejn, liebe Freunde und Freundinnen der Bauch…tuchpfleger und in der sejbn Sekunde, wo mir uns do zur „Fünfhundertzwejften Ordentlichen Jahresversammlung unseres Heimat- und Traditionsvereins" bei uns doda in Zdummzumbrunznbrunn zammatreten, werd unser weiß-blaaauaas Land sistemattisch auf Eieropa vorbereitebbt. Nan?

So vui wia heit hod's zum Beispiel bei uns no nia ned geb'n!!

Doch Tradition – und lassen Sie mich deswegen – liebe Freunde der Bayrischen Bauch… redner und und und Pflegerinnen – nun den Bogen wiedda … überspannen zum „Hier und Jetzad" und zur Vergangenheit, wega der mir ja letzten Endes do san: verpflichtet??

Oiso Tradition ... verpflichtet.

Und die Gründung unseres Vereins fußte ja in der gemeinsamen Absicht und so weiter ...

Tänze und Lieder, liebe Freundinninnen und ... Bauern, zeitlos und doch zeitgemäß, werden künftig zwischen 14.30 und 15.30 hier bei uns in der gemütlichen Wirtstubn vom ... *Bella Italia* daran gemahnen, wia schee de guade oide Zeit doch gwesn is.

Und oan von dene oiden Tänze schaugn maruns amoi o.

Auf geht's, Zdummzumbrunzner Buam!

(Es folgt der Knochentanz)

Ja, dank eich, des warn de Zdummzumbrunzner Buam, de uns amoi zoagt hom, wia's Lebn bei uns im Hopkinsleitninger Tal in etwa 10.000 v.Chr. ... so ausgschaut hod.

Das war der traditionelle Knochentanz und jetzad sehng ma no die Urform des Schuahplattlers. Die Erfindung des Schuahplattlers, liebe Leit, und die Entdeckung des Feuers – des war praktisch oans!

(Tanz auf offener Feuerstelle führt zu Jodeln, Plattln und AUAAH!-Schreien)

Jetzt, 2024, sind wir direkt konfrontiert mit den Putin'schen Verbrechen, ich sage nicht pauschal „russischen", denn es gibt sie, die russische Opposition. So wie ich schon in den 1980ern den Begriff „Anti-Amerikanismus" als unpassend empfand. Was hatten Martin Luther King oder die No-nukes-Protestsänger*innen mit der NATO am Hut?

Der Sinn von Waffen, Krieg oder wie es immer heißt „Verteidigung" muss permanent bezweifelt werden. 1984 ging es in einem Gerichtsverfahren um eine vertrackte Frage.

In einer Frankfurter Schule hatte eine Friedensdiskussion stattgefunden.

Der Arzt Stefan Augst stieß auf seinen Gegendiskutanten Hauptmann Witt und zitierte Kurt Tucholskys Satz „Soldaten sind Mörder", indem er ihn abwandelte in: „Jeder Soldat ist ein potentieller Mörder". Witt verklagte Augst auf Beleidigung, verlor den Prozess, klagte wieder gegen das „Schandurteil", verlor abermals.

Die gesamte Union, inklusive Kanzler und Präsident, war außer sich vor Wut. Die Richter erhielten schriftlich und telefonisch Morddrohungen und die Kanzlei der Verteidiger wurde durch einen Brandanschlag zerstört.

Soweit zum Thema „Frieden".

1989 war ich einer der Veranstalter der Kleinkunstbühne KEKK und trug ebendort folgendes Gedicht vor.

Text 9
Seht einmal, da steht er

Seht einmal,da steht er!
Pfui! Der Struwweltöter!
Schreit Mordio und Zeter.
Auf die Barrikaden geht er.

Man nennt ihn einen Mörder,
Sogar staatlich geförder – – t.
Zwar auf die Freiheit schwört er.
Doch auf Befehle hört er.

Er trägt ein Schießgewehr,
das trägt er vor sich her.
Ein ganz se-ri-ö-seer,
hochgeach-te-ter Herr.

Er frisst die ganze Steuer,
denn er ist ziemlich teuer.
Wär' nicht das Militär,
gäb's keinen Hunger mehr.

Seht einmal, da steht er,
der Fernbedienungstöter.
Auf andre Menschen zielt er,
auf beiden Augen schielt er.

Und er fliegt immer schneller
die Erde in den Keller.
Nicht nur ein „potentieller"!
Pfui! Ein ganz reeller!

Das *Robinson* selbst wurde 1989 leider ein Opfer der typisch Münchnerischen Miethölle. Das Anwesen wurde verkauft und schon die Pacht so irreal erhöht, dass wieder eine Kulturinstitution aus der Stadt geekelt wurde.

Wir Künstler*innen zogen noch zum Protest ins Rathaus, aber es war nix zu machen. Rosi und Leo nahmen eine Abfindung und machten sich auf die Suche nach einem besseren Ort. 1989 fand sich ein verwunschenes Anwesen, weit, weit weg in der Oberpfalz, in Runding bei Cham, am Blauen See.

Alle Künstlerinnen aus der Münchner Ära ließen sich dort wieder blicken, auch *Jedermann* für ein paar letzte Gigs.

Ich selbst war mit nahezu allen meinen Projekten dort von 1993 bis zuletzt 2017. Besonders *Folksfest* und meine Soulband feierten dort große Erfolge.

Kapitel 4
Anfang der 90er: Mauerfall, Krieg und rechte Anti-Asylanten-Hetze

1989 war das Jahr, als die Mauer fiel. Gorbatschow dankte ab, die Sowjetunion löste sich auf und wurde zur GUS – kennt das überhaupt noch jemand?

Kohl, der zufällige „Kanzler der Einheit" hatte den Neuen Deutschen Bundesländern vollmundig versprochen, sie in „blühende Landschaften" zu verwandeln.

Landschaften sind sie geblieben und wenn sich das „Blühen" auf die soziale Situation der Ostdeutschen bezogen haben sollte, so war die Realität eher eine von der Treuhand ausgeplünderte Wüste.

40.000 ehemalige DDR-Betriebe wurde in den Westen verhökert – mit Verlust.

Etwas ausführlicher beschrieb ich die Vorgänge der Wendezeit im Lach- und Schieß-Programm *Große Freiheit Nr. 50*, das nie zur Aufführung kam, aber davon später.

Text 10
Mauerfall

SPRECHER

„Der Weltraum, unendliche Weiten… Wir schreiben das Jahr 1987.

Dies sind die Abenteuer usw. usw. (sic!) blabla… Galaxien, die nie ein Mensch zuvor gesehen hat."

CHEKOV

Cäpptän, Cäpptän! Ich habe ein unbekanntes Flugobjekt auf dem Radar, es sieht aus wie ein ehemaliger KGB-Chef.

Die anderen drei zum Chefsessel, wobei sie ungelenk aneinanderrumpeln.

KPT. KIRK

Geben sie uns das auf den Schirm.

Chekov reicht einen Schirm mit Gorbi-Fleck nach hinten.

KPT. KIRK

Chekov, keine Witze jetzt!

Alle vier sind entsetzt

MR. SPOCK

Faszinierend.

KPT. KIRK

Er schwenkt eine weiße Fahne, das ist nicht möglich.

MR. SPOCK

Ganz offensichtlich hat er den Ausbruch aus der Rüstungsspirale gefunden.

KPT. KIRK

Sie meinen ...?

MR. SPOCK

Das entbehrt nicht einer gewissen Logik.

KPT. KIRK

Was soll denn daran ...?

LT. UHURA

Hören Sie sich das an!

Alle zu Uhura, wobei sie die Funkerin beim Anhören sukzessive mehr befummeln.

ARCHIVAUFNAHME GORBATSCHOW-REDE (in der er die Breschnew-Doktrin widerruft und den sozialistischen Bruderstaaten eine eigene Entwicklung zugesteht. Er entließ daraufhin die baltischen Staaten in die Autonomie, und Ungarn öffnete seine Grenzen)

Alle schauen Chekov an.

KPT. KIRK

Was sagt er?

CHEKOV

Er sackt: er will den Kalten Krieg beenden und einseitig abrüsten ... bis zum Jahr 2000 müssen alle Kernwaffen der Welt vernichtet sein und äh ... er entlässt alle sozialistischen Staaten in die Eigenständigkeit.

KPT. KIRK

Er muss bekifft sein.

MR.SPOCK

Ich weiß nicht, Capt'n, für mich klingt das faszinie ...

KPT. KIRK

Weißt du, was du da redest, Spock? Unsere Rüstungsindustrie müsste auf intergalaktische Profite verzichten!

MR. SPOCK

Jim, wir sollten auf das Angebot eingehen.

KPT. KIRK diabolisch

Nein, damit rechnet er doch nur ...

Chekov zeigt auf den Kommandoschirm

CHEKOV

Da! Er fliegt davon.

Alle auf ihre Positionen.

KPT. KIRK

Verdammt, er ist uns Lichtjahre voraus. Nehmen Sie die Verfolgung auf, Chekov!

Chekov versucht einen Außenbordmotor anzukriegen.

KPT. KIRK

Was tun sie da?

CHEKOV

Wir haben keinen Solarantrieb.

Kirk drückt Sprechanlagenknopf

KPT. KIRK

Scotty, wir brauchen Energie.

SCOTTY über Anlage

„Tut mir leid, Jim, wir haben kein Benzin mehr, aber hier ist ein Herr von der Gazprom, ein Herr Schröder …"

Alle schauen bedröppelt drein.

LT. UHURA

Ich sehe schwarz.

Alle schauen Sonja an, die Uhura gespielt hat.

BLACKOUT

SONJA

Tja, das ging schneller, als alle dachten, vier Jahre Gorbatschow – und Zack! – ist der ganze Ostblock runter vom Radarschirm.

ECCO

Und die Mauer war weg, Gorbis blutige Rache.

MICHAEL

Rache? Wieso Rache?

ECCO

Er wird sich gesagt haben „Die Ostdeutschen, die gönne ich euch".

MICHAEL

Perfide!

SONJA

Zumindest waren die Autobahnen erstmal auf Jahre hinaus verstopft.

THOMAS

Bananen hat man auch keine mehr kaufen können.

ECCO

26 Jahre Solidarpakt – dagegen war Stalingrad ein Picknick.

SONJA

Seit den Sechzigern hatte der Westen für 3,4 Milliarden Mark 32.000 DDR-Häftlinge freigekauft – und jetzt *das*.

MICHAEL

Jahrzehntelang Fresspakete rübergeschickt.

ECCO

Umsonst!

Gut, dass Strauß das nicht mehr erleben musste. Der hatte ja 83 noch Honegger mit einem Milliardenkredit unter die sozialistischen Arme gegriffen.

THOMAS

Da war er wahrscheinlich auch bekifft.

ECCO

Nein, ich glaube, er hatte einfach einen Schalck im Nacken.

MICHAEL

Ja, das war schlimm, das Jahr 1989, das Jahr der großen Panik.

ECCO

Da drüben standen Legionen gescheiterter Existenzen.

THOMAS

Kaputte Familien: 90% der Frauen in der DDR waren berufstätig.

Sehr böser Blick von Sonja. Die Aussage ist Thomas dann auch peinlich.

ECCO

Das kann man sich heute gar nicht mehr vorstellen. Es gab ja auch nichts da drüben.

SONJA

Für Frauen. Anständige Tönungen? Pustekuchen!

THOMAS

Oder Kinder-Dessous wie hierzulande.

ECCO

Es gab ja auch keine Farben, war ja alles grau.

SONJA

Ja, das ganze Land, ein einziges Bitterfeld.

MICHAEL

Waaahnsinn. Es gab ja *nichts*! Da drüben in der SBZ.

THOMAS

Was?

MICHAEL

In der Zone. Keine Tischstaubsauger ...

SONJA

Keine Videoshops.

ECCO

Keine Nazis.

SONJA

Nichts!

ECCO

Ja, Wohnungen für 35 Mark! Straßenbahn für 20 Pfennige! Dafür hatten die Bonzen in Wandlitz Geld.

SONJA angeekelt

„Volks-eigene Betriebe" – Buäääh

MICHAEL

Das einzige, was man übernehmen konnte war dieser … na dieser

THOMAS

Dieser Pfeil da …

SONJA

Der grüne Rechts-Pfeil an den Ampeln

ECCO

Ja genau, das war's dann eigentlich … schon

SONJA

Was macht man mit so was?

ECCO

Nun man besann sich eines alten kapitalistischen Zweizeilers: „Betrittst du irgendwann Neuland Gründe eine Treuhand!"

MICHAEL

Wer hat die eigentlich gegründet?

ECCO

Die Volkskammer unter Modrow

THOMAS

Ach?

ECCO

Dann hat das Bundesfinanzministerium die Aufsicht übernommen …

SONJA

Der Beginn unvorstellbarer Breuel-Taten.

SKETCH TREUHAND

OSSI (Michael) mit sächsischem Dialekt

Chemie-Kombinat zu verkaufen! Chemie-Kombinat zu verkaufen!

WESSI-INVESTOR (Sonja) preußisch jovial

Kommen Sie mal her, junger Mann! Was soll der Schuppen denn kosten?

OSSI

No, was würden Se denn investieren?

WESSI-INVESTOR

Schauen Sie her. Ich gebe Ihnen eine ganze flotte Deutsche Mark, bar auf die Treuhand.

OSSI

Wirklich, das is ja ordentlich … nischt. Allerdings der Boden ist …

WESSI-INVESTOR

Altlasten, hab ich schon gerochen. Übernehm ich.

OSSI

Und dann müssten wir noch über die Schulden reden …

WESSI-INVESTOR

Übernehm ich.

OSSI

Na und die Belegschaft eben …

WESSI-INVESTOR

Über...leg ich mir noch. Und sie? Schon mal über Karriere nachgedacht?

OSSI

Immer.

WESSI-INVESTOR

Schon mal im Vorstand einer Aktiengesellschaft gewesen?

OSSI

Also in dem Sinne, nich.

WESSI-INVESTOR

Hier ist die Mark. 80 Pfennich geben sie mir wieder zurück. Wir teilen die Firma auf, lassen sie falsch schätzen und verkaufen sie teuer weiter.

OSSI

Jetzt komm ich mit, äh äh aber die Altlasten?

WESSI-INVESTOR

Übernimmt der deutsche Steuerzahler.

(gespielt bedauernd)

Wir müssten allerdings Leute entlassen ...

OSSI (versteht jetzt endlich)

Ach so? – .... – übernehm ich.

In Auflösung begriffen war auch die alte Republik Jugoslawien, aus einem Vielvölkerstaat wurde durch handfeste nationalistische Propaganda aller Beteiligten ein Gemetzel, das zunächst mal niemand so richtig verstand.

Die Absurdität, mit der hier ethnische Grenzen gezogen werden sollten, karikierte ich 1991 mit folgendem Text

Text 11
Wenn in München Balkankrieg wäre

Ein Nachrichtensprecher informiert

„In der Nacht zum Freitag wurden bei einem erneuten Gefecht zwischen verfeindeten KFZ-Mechanikern, organisiert in der KFZM und Copyshopbetreibern (CSB) nach offiziellen Angaben 190 Menschen getötet und etwa 2000 verletzt.

Der Sprecher der KFZM aus den Bezirken links der Isar, kündigte 'härteres Vorgehen gegen die terroristischen Banden der CSB*innen' an.

Vor zwei Wochen war der jahrelang schwelende Konflikt zwischen Münchner KFZM links der Isar, deren Vornamen mit den Buchstaben A-K beginnen, und CSB*innen mit oberpfälzisch bzw. fränkischen Vorfahren in eine gewaltsame Phase getreten.

Mittlerweile haben sich auch die KFZM, deren Vornamen mit den Buchstaben L-Z beginnen, mit ihren Berufsgenossen geeinigt und gemeinsame Kampfverbände gebildet.

Seit dem Massaker vom Stierkampfplatz Ende Februar haben sich die Freischärler der SHBler*innen mit oberpfälzischen bzw. fränkischen Vorfahren hinter die 'Blaue Linie' zwischen Prinzregenten- und Corneliusbrücke zurückgezogen.

Vereinzelte Mörserangriffe auf Stellungen der KFZM links der Isar, speziell deren Hauptquartier im Glockenbachviertel prägten die Kämpfe der letzten Tage.

Über das Schicksal der KFZM-Enklave rechts der Isar, die seit Tagen von CSB-Truppen umstellt ist, herrscht weiterhin Unklarheit. Nach Angaben einer EU-Delegation, die sich unter Vorsitz des luxemburgischen Außenministers z.Zt. in Giesing aufhält, handelt es sich um etwa 5000 Menschen, die weiterhin ihren Anschluss an das Kernland links der Isar fordern.

Ebenfalls ungeklärt ist der Zustand zweier Geiseln , die sich seit 3.August in den Händen der copyshopistischen Befreiungsorganisation 'Xerox Jihad' befinden.

Ein Sonderbotschafter des US-Außenministeriums befindet sich z.Zt. auf seiner dritten Rundreise durch die sechs Frontstaaten der Region München-Süd.

Dabei stehen auch Gespräche mit dem Regierungschef der 'Brillentragenden MVV-Kontrolleure katholischen Glaubens' auf dem Programm, der bisher jede Beteiligung der '36jährigen Konditorenwitwen mit Bürstenschnitt' ablehnt, solange sie das Gebiet rund um den Lenbachplatz nicht räumen.

Die Chancen für die geplante Friedenskonferenz stehen schlecht."

1989 war auch das Ende des Warschauer Paktes gekommen. Die absurden Jahre der nuklearen Abschreckung schienen vorbei. Der globale Weltfrieden schien zum Greifen nah. Wozu noch NATO?

Es war ja schon abzusehen: Den USA ist doch das chinesische Hemd näher als die russische Hose.

Und auch im Persischen Golf gab es noch genug zu tun, wo der Zauberlehrling Saddam Hussein aus dem Ruder lief und sich die kuwaitische Küste grabschen wollte.

Die Rüstungsindustrie sang fröhlich „The show must go on" und die BILD-Zeitung zeichnete bilderreich Frontverläufe mit Pfeilen und Kreuzen, was sich zehn Jahre danach wiederholte. Da grabschten die USA dann selber richtig zu.

Was aber machte das mit der deutschen Seele, mit den deutschen Belli- und Pazifisten?

Selber nicht mitmachen dürfen, aber innerlich so was von leiden!

Anfang 1991 schrieb ich folgenden Text dazu:

Text 12

Golfkrieg '91 und wie man ihn in Deutschland erlebte, Meinungsbild

Teil 1

Militärexperte sitzt in Gedanken versunken auf seiner Veranda irgendwo im Taunus. Im Hintergrund Garten-Atmosphäre und Vogelgezwitscher.

Wissen Sie, ich hatte mit meinem Leben – das klingt jetzt vielleicht sentimental – schon fast abgeschlossen. Sehen Sie, als ich aus der russischen Gefangenschaft entlassen wurde, war ich noch ein junger Spund. Doch die Zeit, die hinter mir lag, war – ja, es war die Hölle: Die Schützengräben, die Verletzungen, die toten Kameraden – aber es war auch eine Zeit, die ich niemals missen will: Wahrhaftiger Heldenmut, Kameradschaft, Tapferkeit vor dem Feinde. Wo finden sich heute noch deutsche Männer mit solchen Eigenschaften, wenn nicht in der Bundeswehr, obwohl …

Während meiner langen Dienstzeit als General musste ich doch feststellen, dass sich die alte Moral nie wieder eingestellt hat. Geh'n Sie heute mal in eine deutsche Kaserne, Sie werden sie von einer Stehkneipe nicht unterscheiden können.

Nun ja, nun, es geht mich ja nichts mehr an. Als ich 1985 pensioniert wurde, habe ich mich weitgehend in mein Heim zurückgezogen …

Ab und an schrieb ich Kommentare für die BILD-Zeitung. Sie können sich das Gefühl nicht vorstellen, als mich die Truppe entließ, aber ich will nicht wehleidig sein, ich will dankbar sein, dass ich diesen Krieg noch miterleben durfte.

Ja, als ich am 17. den Anruf bekam, vom Fernsehen, es würden Experten gebraucht für eine Expertenrunde, die jeden Morgen die Kampfhandlungen zu kommentieren habe … wissen Sie, ich hatte seit Jahren keine Manöverpläne mehr gezeichnet, doch in diesen fünf Wochen saß ich jeden Tag in meinem Arbeitszimmer bis spät in die Nacht, hier an diesem Schreibtisch, verfolgte jede Truppenbewegung der Alliierten, Kampfstärke, Einsatzflüge, Nachschub, Kapazitäten, Logistik! (Seufz)

Glauben Sie mir, diese fünf Wochen war die schönsten in meinem Leben seit der Kapitulation 45.

PRROST PRROST KAMERAD
PRRRROST PRRRRRROST K'M'RRRRR'D
PRRRRRRRRRRRRRRRRRRRKM
MRRRRRRDSCHSCHDSCH!

Teil 2

*Mann trägt ein Halstuch, hohe Stimme, meist
schmerzverzehrtes Maria-Schell-Gesicht.*

Wir waren sehr betroffen und hilflos, als es
dann doch zum Krieg gekommen ist. Vor allem wegen der Kinder. Wir haben die Bilder
im Fernsehen mit großer Bestürzung, mit
großer Sorge gesehen, aber immer noch ge-
hofft. Doch nach einigen Tagen mussten wir
schließlich feststellen, dass die Staatsmänner
dieser Welt nicht zur Besinnung kamen, keine
Einsicht zeigten, dass Krieg sinnlos ist!!

Wir haben lange hin und her überlegt, dass
wir nicht tatenlos bleiben dürften, wenn wir
unseren Kindern später mal in die Augen sehen wollen, wenn sie uns fragen: Wie konntet
ihr dies geschehen lassen?

Wir haben uns dann jeden Mittag um 5 vor
12 – es sollte ein *Symbol* sein – im Gemeinde-
saal getroffen und gemeinsam mit allen Kon-
fessionen, also es waren auch Türken dabei,
ein Inder und viele Menschen, die alle Decken
mitbringen sollten, *für* Saddam und *für* Bush
gebetet, um auf sie einzuwirken, dass sie von
ihrem Tun lassen, und als es dann darum ging,
ob es zum Bodenkrieg kommen würde oder
nicht, haben wir unser Gebet noch einmal in-
tensiviert (zeigt körperliche Anstrengung).

Und das hat uns dann auch selbst über diese ganze schwere Zeit hinweg unheimlich ge-
holfen.

Die permanente und systematische Angst-
mache vor einer Ausländer„flut" hatte bereits in den 1980er Jahren eingesetzt.

Die „Festung Europa" ist für globalen
Warenverkehr maximal durchlässig. Was
aber fliehende Menschen betrifft, weniger.
Illegale Menschen hier oder an den Periphe-
rien kann man besser ausbeuten. Das schö-
ne Wort „Globalisierung" existiert nur für
Privilegierte.

Sehr schön nachzulesen im Buch *Neben
uns die Sintflut* des Soziologen Stephan Les-
senich.

Als Ergebnis der Anti-Asylanten-Pro-
paganda begann gleich nach dem Fall der
Mauer eine Serie fremdenfeindlicher Anschläge auf Wohnhäuser und Asylheime:
Hoyerswerda, Mölln, Rostock, Solingen …
und immer wieder wurde die Plakat-Parole
skandiert, mit der NPD und DVU das Land
pflasterten: „Deutschland den Deutschen".

1991 schrieb ich folgenden Text:

Text 13
DEUTSCHLAND!

Die Parole „Deutschland den Deutschen" klingt ja auf den ersten Blick sehr einfach, nicht zuletzt aufgrund des eingängigen Gleichklangs „D-D-D". Dennoch haben wir, das wird immer vergessen, nicht das einfache Schema

SUBJEKT PRÄDIKAT OBJEKT

vor uns, vielmehr handelt es sich um einen rhetorischen Imperativ, keinen direkten, wie man ihn etwa von „Wehret den Anfängen" her kennt, nein wir sprechen hier von einem sog.

Hybrid-Imperativ

denn – ääh hier sind die zum Handeln Aufgeforderten selbst gar nicht erwähnt, etwa „Gebt ... Deutschland den Deutschen", es muss wohl ein Subjekt hinzugedacht werden, obwohl, ein selbstständig handelndes Subjekt dürfte in diesem politischen Spektrum ohnehin nicht vorgesehen sein, so dass bereits die Befehlsform an sich vollkommen genügt.

Nicht zuletzt stoßen wir ja bereits in der Nationalhymne dieses Volkes auf eine Nebenart des Bastard-Imperativs: Die Zeile „Blühe, Deutsches Vaterland!"

„*Blühe*!!!" – ein völlig sinnloser Versuch, biologische Prozesse der Befehlsform zu unterwerfen, aber bitte, das nur am Rande.

Zurück zum Satz: „Deutschland den Deutschen": Wir haben im eigentlichen Sinne folgende Konstruktion vor uns: Objekt * bestimmter Artikel im Akkusativ Plural „den" (welcher aber auch gleich possessiv gedacht werden darf, „den Personen zu eigen", bzw. im Befehlskontext sogar als Tätigkeits-Wort-Ersatz fungieren kann als Quasi-Prädikat oder Prädikat-Substitut) und am Schluss wieder ein Objekt „Deutschen".

Das Subjekt – fehlt.

Eine weitere Besonderheit dieses Satzes: Die Satz-Struktur ähnelt in frappanter Weise einer schlichten mathematischen Funktion:

Ein Land oder Volk wird einem solchen Volk oder Land zugewiesen, welches sich rein phonetisch am bequemsten assimilieren lässt, also „klingt das Land so ähnlich wie das Volk, gehört's denen auch".

Eine über Jahrhunderte völlig vernachlässigte und dabei doch so simpel-funktionale Methode zur Bestimmung von Staatsgrenzen!

Ich habe das mal weitergesponnen und es ist ein Gedicht draus geworden.

DEUTSCHLAND DEN DEUTSCHEN

Deutschland den Deutschen!
Rumänien den Rumänen!
Tadschikistan den Tadschiken!
Ausland den Ausländern!

Frankreich den Franken!
Venezuela den Venezianern!
Kuba den Kubisten!
Armenien den Armen!

Hessen den Hessen!
Sachsen den Sachsen!
Bayern den Bayern!
Kruzi den Fixn!

Vegetation den Vegetariern!
Philadelphia den Philatelisten!
Serbien den Serpentinen!
Estland den Ästheten!

Himmel den Himmlern!
Tod den Toten!
Haut den Lukas!
Ende …
Den Endivien!!

Im November 1990 rotteten sich in Eberswalde (Brandenburg) 50 Skinheads zusammen, um „Neger klatschen" zu gehen.

Irgendwen.

Am Ende starb Amadeu Antonio, ein angolanischer Vertragsarbeiter, weil einer der Angreifer mit beiden Stiefeln auf seinen Kopf sprang.

Ein Jahr später gab es Urteile gegen die Täter, maximal vierjährige Haftstrafen. Das Gericht wertete das „Niederstiefeln" als „jugendtypische Verfehlung".

Ich schrieb nach dem Lesen des Artikels diesen Text:

Text 14
Hitler war nur ein Sponti

ENKEL

Du Opi, wie ist denn das passiert damals mit Hitler, den Juden und dem Zweiten Weltkrieg?

OPI

Tjaaa, ich kann es selbst noch gar nicht fassen. Ich kann es mir nur so erklären: Die waren eben jung, hatten keine Arbeit … keine Jugendclubs … Na und da werden die sich einen hinter die Binde gekippt haben und da ist das dann alles spontan so passiert.

ENKEL

Ja, aber Opi. So viele gleichzeitig? Nach Russland gelaufen?

OPI

Ja, ich weiß auch nicht. Das hatte so ein Eigenleben das Ganze, das hätte sich vielleicht viel eher gegeben, wenn die Juden von selber gegangen äh … aber es hat sich ja auch so gegeben.

Kapitel 5
Das Jahr 1992

1992 hatte ich die Regie übernommen für das neue Programm der Kabarettgruppe *Fernrohr*, bestehend aus Helmut Schleich, Christian Springer und Andreas Rüttenauer, Titel *Gelting*.

Kurz darauf traf sich auf Anregung der *Fernrohre* ein Haufen KünstlerInnen in einer Wirtschaft, um über das Verschwinden der alten Brettl mit ihren gemischten Programmen zu reden und dass die Professionalisierung des Betriebes hin zu Solo-Konzerten keinen Humus für gemeinsame Begegnungen mehr bildete. Letztlich ging daraus zumindest der *Poetenstammtisch* im „Kulissen"-Café des Fraunhofer Theaters hervor, der maßgeblich vom liebenswerten und emsigen Kollegen Fritz Liebl organisiert wurde.

Ich bot an, uns ein Stück zu schreiben, über einen Veranstalter-Zampano, der im fernen Jahr 2000 das gesamte Bühnen-Geschehen der Stadt monopolartig kontrolliert.

Ich brauchte ein paar Tage, um das Gerüst des Dramas zu konzipieren, wir teilten dann die Textarbeit auf.

Am Ende und nach zähen, aber auch lustigen Proben zogen wir das mit 20 Leuten durch. Mit dabei waren der Schauspieler Josef Hannesschläger, Susanne Weinhöppel, der Clown Lupo, der Gründer des *Bairisch Diatonischen Jodelwahnsinns*, Otto Göttler, u.v.a

Aufgeführt wurde das Spektakel mit dem Titel *Stoppt Kabarett 2000* am 1. und 2. Juli 1992 auf dem *Tollwood*-Festival im Olympiagelände.

Zeitgleich war auch noch der G7-Gipfel, der diesmal in München tagen sollte. Ich organisierte das Kulturprogramm des alljährlichen TUNIX-Festivals hinter der Glyptothek am Königsplatz und verteilte fleißig Anti-G7-Flugblätter.

Nun ja, die Proteste dagegen endeten mit einem bis dato beispiellosen Polizeikessel.

Der damalige Bayerische Ministerpräsident Max Streibl, einer der Amigos der gleichnamigen Affäre, kommentierte die brutalen Polizeiübergriffe beim G7-Gipfel in München folgendermaßen: „Man muss wissen, dass wir auch etwas härter hinlangen können. Auch das ist bayerische Art."

500 Demonstranten, die die speckige Propagandashow von Helmut Kohl und dem amerikanischen Präsidenten George Bush sr. in der Innenstadt störten, wurden hart attackiert und anschließend über mehrere Stunden auf offener Straße eingekesselt.[3] Einen Monat später entwarf ich ein ähnliches Szenario, in dem der damals verantwortliche Münchner Polizeipräsident Roland Koller auf Interviewfragen antwortet.

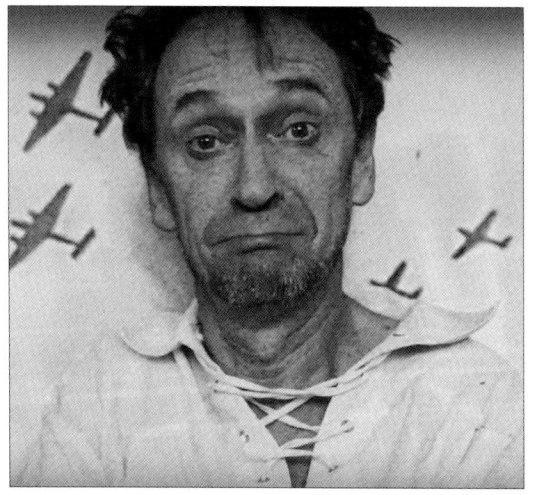

Text 15
Weltwirtschaftsgipfel 1992

JOURNALIST

Herr Polizeipräsident Koller, war dieses harte Vorgehen nötig? Es wurden ja sieben Demonstranten tagelang in der Residenz eingekesselt und schließlich – in fast „militärischer" Begleitung – brutal abgeführt.

KOLLER

Nun, die Gesellschaft hat ein Recht auf Schutz vor solchen Individuen. Sie hatten ja bereits mehrere Tage randaliert unter Einsatz von Hubschraubern, angemieteten Blaskapellen, außerdem zeichnen sie für unnötige chaotische Verkehrsblockaden verantwortlich, von der Geschäftsschädigung im Innenstadtbereich ganz zu schweigen. Ich sehe darin den Tatbestand der Nötigung erfüllt.

JOURNALIST

Aber diese Brutalität? Einigen Teilnehmern wurde die Schulter ausgekugelt, auf einem anderen ist willentlich herumgetrampelt worden, von Schlägen des Kopfes gegen den Bordstein wurde berichtet.

KOLLER

Nun, sie hatten ja auch Waffen bei sich. Im Wert von ca. einer Billion Dollar, die ganze Palette bis hin zu Atombomben und bakteriologischen Waffen. Sehen Sie, schon der Name des englischen Hooligans weist ja auf militärische Absichten hin … „Major". Ich erinnere auch nochmal daran: Es handelt sich hier um angereiste Polit-Kriminelle: Keiner der sieben war aus München!

JOURNALIST

Eine achte Person befindet sich in 14-tägigem Unterbindungsgewahrsam.

KOLLER

Das ist richtig. Ein gewisser Boris J., er hat mittlerweile einen Asylantrag gestellt, dieser dürfte aber keine Aussicht auf Erfolg haben. Es handelt sich bei J. eindeutig um einen Wirtschaftsflüchtling, der die Absicht hatte, sich in München vollzufressen und danach die Zeche zu prellen. Morgen werden wir ihn nach Theresienstadt überweisen.

JOURNALIST

Theresienstadt?

KOLLER

Habe ich Theresienstadt gesagt? Ich meine natürlich auf die Theresienwiese, in einen der 40 Asyl-Container.[4]

JOURNALIST

Vielen Dank, Herr Koller.

Ich frage mich heute noch, wie ich das ganze Programm 1992 bewältigte, denn ich musste zudem meine Soul-Band, die an internen Liebesgeschichten zerbrach, noch einmal komplett neu gründen, aus *Soulfood* wurde *Innersoul*.

Ein Jahr später lernte ich meine spätere Frau kennen: Sandra Vogell, eine extrem kluge, witzige und willensstarke Person, sie arbeitete bereits beim Bayerischen Rundfunk und hatte einen stets kritischen Blick auf meine Bühnenprojekte.

So auch beim Entwurf meines ersten Soloprogrammes *Völlig veraltet*, mit dem ich damals teilnahm am Wettbewerb *Münchner Kleinkunstpreis* im *Unterton*-Theater des Künstlers Jörg Maurer. Übrigens gemeinsam mit dem geschätzten Kollegen Christof Süß, später Anchorman des bayerisch-satirischen TV-Formates *Quer*.

Anmerkungen

3 http://protest-muenchen.sub-bavaria.de/artikel/1022; https://www.umbruch-bildarchiv.de/bildarchiv/ereignis/wwg1992.html

4 https://www.br.de/nachricht/asylpolitik-bayern-100.html

Kapitel 6
Radio und Fernsehen

1995 bis 1997 war ich als Kabarettist kaum mehr auf den Bühnen. Denn es ergab sich, dass mich Armin Toerkell unter seine Fittiche nahm, er arbeitete damals bei der Produktionsfirma Megahertz TV von Franz Gernstl. Ein Brainpool, der permanent verschiedenste TV-Formate ausbrütete.

Unter anderen auch *Quast – Das Allerletzte aus aller Welt*, eine deutsche Version eines britischen News-Show-Formates. Ich wurde ins Texter-Team berufen und dann auch einer der Protagonisten dieser News-Comedy-Show, die in 18 Folgen von 1996 bis 1997 lief. Im Cast waren außer mir der geniale Spielemacher Michael Quast, ein Frankfurter Alleskönner, die Journalistin Franziska Reichenbacher, (die später als Lotto-Fee bekannt wurde), sowie die Kabarettisten Philipp Mosetter und Philipp Sonntag. Zu den letzten Folgen holte ich noch den späteren SZ-Redakteur Alex Rühle und meinen Kollegen Christian Springer nach.

Die Show wurde, angeblich aus Kostengründen abgesetzt, vielleicht lag es am Bühnenbild? Fünf Stehpulte aus Zeitungen, das geht natürlich ins Geld!

Ironischerweise wurde *Quast*, quasi posthum, für den Grimme Preis nominiert. Schade, dass wir ihn nicht bekommen haben. Diese Peinlichkeit hätte ich der BR-Spitze gegönnt!

Mit Christian Springer traf ich mich zu jener Zeit einmal wöchentlich in einem Neuhauser Café, denn wir schrieben schrieben und produzierten für Bayern3 eine Hörfunkserie, die es in sich hatte: *Stirningerman*! Der Plot der Serie: Der irre Graf Adorno will Bayern zerstören, alles Bayerische ausrotten oder lächerlich machen.

Da erwischt es den Tegernsee, wo ein Öltanker Leck schlägt, es geht gegen die Gamsbärte und Haferlschuah, das Fensterln und die Lüftlmalerei, die Semmelknödel und den Jagatee.

Nur einer kann die Katastrophe immer in letzter Sekunde verhindern: Josef Stirninger!

Ein Agent, der zur Tarnung als Hosenverkäufer in der Herrenabteilung eines Kaufhauses arbeitet. „Er ist unser bester Mann", sagt sein Chef „Super3". Der arme geplagte

Polizeidienstobermann wird jeden Tag von neuen Horror-Meldungen aus dem Land unterrichtet. Stets drängt die Zeit, denn Graf Adorno gewährt grundsätzlich nur 60 Minuten Galgenfrist. Über Geheimcode meldet sich Super3 im Kaufhaus. Sekunden später steigt ein Helikopter in den weißblauen Himmel auf.

Die Serie startete im Oktober 1996 unter der Ägide des damaligen Redakteurs Franz Baumgartner (der später Wellenchef bei Bayern1 wurde) und ging zwei Jahre lang wöchentlich auf Sendung.

Kleines Lese-Beispiel gefällig?

Text 16
Angriff auf die Brenz'n

Stirninger-Tagebuch-Stimme:

„Ich verkaufe Hosen. Doch die Stoffe, die ich bearbeite, sind aus ganz besonderem Garn …

20. November, 15:00:00

Ich war gerade dabei, die Herrenkabinen zu saugen, da kam über Lautsprecher das vereinbarte Zeichen …"

Kaufhaus-Lautsprecher: Null null, bitte sieben!

Stirninger geht ans Kassentelefon: Stirninger?

„Super drei": Ich bin's. Stellen Sie sich vor! Es gibt keine Brezeln mehr!

Stirninger: Schon gut, „Super drei", soll ich einen Arzt rufen?

„Super drei": Ich mache keine Witze, Stirninger! In Hiasoiweiöd spielt sich eine Tragödie ab. Sie müssen sofort los.

Stirninger: Also gut. Wieviel Zeit haben wir?

„Super drei": 60 Minuten. Der Helikopter ist schon unterwegs.

Stirninger-Tagebuch-Stimme:

15:59:01

„Nach knapp einer Stunde erreichte ich Hiasoiweiöd.

Die Polizei hatte den Bäckermeister festgenommen."

Im Gefängnis.

Der Bäcker: Ich bin unschuldig, Stirningerman. Ich habe den Brez'nteig geflochten wie immer. Und wie ich die Brez'n wieder raushole, aus dem Ofen, da san's alle wieder gradegebogen!

Gendarm: Lügner!

Stirninger: Lassen Sie nur, Wachtmeister. Ist das das Nudelholz?

Gendarm: Ja, das „corpus interrupti".

Stirninger: Danke, das genügt!

Stirninger-Tagebuch-Stimme:

Die Sache lag auf der Hand. Das Nudelholz war in Salatöl getränkt worden, die Brezn-Enden blieben im Backofen nicht haften. Raffiniert! Es gab nur einen, dem das zuzutrauen war …

Im Hubschrauber. Über Sprechfunk:

„Super drei": Sie meinen, GRAF ADORNO steckt dahinter?

Stirninger: Der nämliche, „Super drei"! Was könnte er vorhaben?

„Super drei": Vielleicht hat das etwas damit zu tun: Vor zwei Stunden sind in ganz Bayern sämtliche Nudelhölzer aufgekauft und nach Kanada geflogen worden. Hallo? ... Stirninger-man? ..."

Stirninger-Tagebuch-Stimme:

„Wir nahmen sofort Kurs auf die Niagara-Fälle. Und tatsächlich ..."

Im Hubschrauber:

Stirninger: Da sind Sie, Tausende von Nudel-hölzern. Sie schwimmen auf die Niagarafälle zu.

Pilot Harry: Da unten! Im Strudel! Eine riesige Schüssel!

Stirninger: Ein griechischer Bauernsalat !

Im Sprechfunk blendet sich plötzlich die dia-bolische Stimme von GRAF ADORNO ein:

Hah hah hah, hier spricht GRAF ADORNO! STIRNINGERMAN, Sie sind zu spät dran! In 10 Sekunden fallen die Nudelhölzer in den Salat und werden über und über mit Öl getränkt sein! Nie wieder Brez'ln! Hah hah hah ...(Spotz, frrz)

Stirninger-Tagebuch-Stimme:

15:59:50

„Zufällig habe ich immer Schulterpolster bei mir. Ich warf die Polster mitten in das Auge des Fettes."

Pilot Harry: Sie saugen sich voll! Sie saugen sich voll! In letzter Sekunde! Puh, das war aber knapp!

16:00:00

Stirninger-Tagebuch-Stimme:

„Die bayerischen Brez'ln waren gerettet. Für diesmal war das Übel abgewendet. Der Becker kam frei.*

Sein Sohn freute sich („Papa, Papa! Brezn, Brezn!").

Der irre Graf* aber war auf freiem Fuß und steuerte auf einem Tenniscourt schon die nächste Gemeinheit an, um Bayern zu zerstören.

* Tatsächlich war es so, dass Graf freikam.
Und Noah Gabriel verlangte in einem Werbespot nicht nach Brezln, sondern nach einem Schokoaufstrich (gesendet 20.11.1996)

Dank des großen Publikums-Zuspruchs hatten wir bereits die Zusage eines renommierten Münchner Verlages in der Tasche, der alle bisherigen 44 Folgen als Buch veröffentlichen wollte.

Wir hatten nicht mit dem langen Arm des CSU-geführten Rundfunkrates gerechnet. Damals stand in Bayern ein Volksentscheid an, der sich für die Abschaffung der luxuriösen, aber weitgehend überflüssigen Institution des „Bayerischen Senats" einsetzte. In der Folge *Der fränkische Bocksbeutel* ließen wir eine kleine Pointe dazu einfließen. Es dauerte keine 24 Stunden und die Serie wurde auf Anordnung von ganz oben mit sofortiger Wirkung eingestampft.

Wir versuchten noch Protest und Presse zu organisieren, doch als all dies nichts fruchtete, inszenierten wir die Serie als anarchisches Bühnenstück und tourten damit durch die Kabarettszene.

Kapitel 7
Rot-Grün oder so

Derweil änderte sich die politische Szene, denn im Oktober 1998 wurde die Regierung Kohl nach 16 Jahren abgewählt. Der ganze illegale Spendensumpf von Kohl war aufgeflogen, die Schreiber-Affäre, die Leuna-Affäre, Steuerhinterziehung ohne Ende, Aktenvernichtung.

Erstmals kam die SPD auf 40,9 Prozent und überraschend zogen die GRÜNEN an der FDP vorbei und konnten fortan als kleinerer Partner der rot-grünen Koalition Regierungsämter übernehmen.

Die Regierung hielt bis 2002 und es kam nicht nur zum Atomausstieg, sondern auch zum Ausstieg von Lafontaine. Der SPD-Vorsitzende und Bundesfinanzminister gründete später Die LINKE.

Mit Kohl mussten wir 16 Jahre leben, mit Hartz IV länger: 18 Jahre. Nun, der Pfälzer ging danach *nicht* in die Industrie. Hingegen hat sich Kanzler Schröder mit seinem Nachleben als Gazprom-Schlampe nachhaltiger ins Knie geschossen als Kohl mit seinen bis heute unbekannten Spendern.

Was haben die rot-grünen Jahre sonst noch so gebracht? Im Gespann SPD-Kanzler Schröder und Grünen-Vizekanzler Fischer definierte sich der erstere gerne als „Koch" und Fischer als „Kellner".

2006 blickte ich in einem Sketch zurück und versetzte dieses Paar als Männer-„WG" in den *Big Brother*-Container.

Text 17
Kröten

Doppelmoderation Sonja und Michael sitzend auf einem TV-Sofa

SONJA

Herzlich Willkommen zu *Big Brothers*

MICHAEL

Sieben Jahre beobachten wir sie jetzt schon im *Big Brothers*-Container.

SONJA

Das heterosexuelle Paar:

BEIDE

Gerhard und Joschka!

SONJA

Eine ungewöhnliche Männer-WG. Wir haben die interessantesten Szenen für Sie noch einmal zusammengestellt.

Auftritt Gerd (Thomas) und Joschka (Ecco). Beide pullern mit dem Rücken zum Publikum in getrennten Kabinen und reden miteinander. Gerd trägt 'n Armani und redet durch Zigarre. Joschka hat bereits seinen Dreiteiler an.

GERHARD

Wir haben's geschafft, Alter! Jetzt sind wir endlich drin im Container! Ich wollte da schon immer rein.

JOSCHKA

Ich auch ... ich meine ... ich denke, Deutschland hat jetzt die historische Chance, Verantwortung in Europa ...

GERHARD

Mensch, du alte Schnullerbacke! Nu freu dich doch mal. Wir sind sexy ...

Er pullert weiter, es kommt keine Antwort. Provozierend:

Ich hab aber mehr Sex als du.

JOSCHKA

Ich hab vier Ehen hinter mir. Eine Scheidung mehr als du.

GERHARD

Trotzdem.

JOSCHKA

Ich hab zwei eigene Kinder.

GERHARD

Trotzdem.

JOSCHKA

Ich hab ne Frauenquote von 50%, ihr nur 40.

GERHARD

Toll, Antje Vollmer. (macht sie nach) „Wir brauchen eine Entdämonisierung der Rolle des Militärs in der Verteidigungs- und Außenpolitik."

JOSCHKA

Du sollst mich nicht nachmachen.

Beide tropfen ab und kommen heraus.

GERHARD

Ich hab trotzdem mehr Sex. 6:1 mehr Abgeordnete als du. Ich schätze, du wirst da keine große Sprünge ... Wie siehst denn du aus? Wo sind denn deine Turnschuhe?

JOSCHKA

Das hättste wohl gerne.

GERHARD

Hahaha. Sag mal was.

JOSCHKA

„Ich kenne keine grüne, ich kenne nur noch deutsche Außenpolitik."

GERHARD

Hahaha Joschka! Die alte Hure Joschka! (klopft Joschka auf den Arsch) Dich kann man ja richtig vorzeigen.

JOSCHKA

Ab heute „Joseph".

GERHARD

Zigarre?

JOSCHKA

Danke nein, ich muss noch Marathon laufen.

GERHARD

Ach deswegen bist du so dürr geworden? Warum fährst du nicht Taxi, wie früher? Hahaha ...

JOSCHKA

Du stehst doch auf dürr.

GERHARD

Komm! Iss dich mal satt jetzt, ich koch uns was Feines.

Licht-Fade-out/Fade-in à la „kurze Zeit später".

Gerhard inzwischen hemdsärmelig, er hat soeben seine Kochschürze ausgezogen.

JOSCHKA

Ich wusste gar nicht, dass du Koch bist.

GERHARD

Das wusste Koch auch nicht. Pass mal auf, Zitat: „Wer unser Gastrecht missbraucht, für den gibt es nur eins: Raus, und zwar schnell."[5]

JOSCHKA

Das hat Koch gesagt?

Anmerkung

5 Bild am Sonntag, 20. Juli 1997. Roland Koch war von 1999 bis 2010 hessischer Ministerpräsident.

GERHARD

Nein, ich. Noch unter Kohl, Mann, irgendwie muss man ja an die Fleischtöpfe kommen.

Er tut Spaghetti auf.

Apropos. Nimm dir was von der Soße. Hervorragend.

Er macht einen Schmecker-Kuss.

JOSCHKA

Was ist das?

GERHARD

Rambouillet-Soße.

JOSCHKA

Schmeckt das?

GERHARD

Und jetzt noch …

Er holt nen Fleischtopf und lüftet den Deckel.

… voilà!

Joschka schaut zaghaft rein.

JOSCHKA

Was ist das?

GERHARD

Kröten … und die essen wir jetzt auf … Probier! …

Er nimmt ein grünes Teil heraus und zeigt es.

Das ist ein AGM-88 HARM, Anti-Radar-Lenkflugkörper. Das ist winzig, das merkst du gar nicht beim runterschlucken. Eine Delikatesse. Iss, da sind 200 davon drin.

Er reicht Joschka Kröte #1. Joschka schluckt. Unsicher.

GERHARD

Das macht dann 200.000 Dollar.

JOSCHKA

Machst du Witze?

GERHARD

Alles zusammen also 95 Millionen. Die stopfen wir jetzt in Tornados und schmeißen sie auf Wasserwerke, Wohngebiete, Schulen, Brücken, Klöster, Kirchen …

Joschka lacht über diesen guten Witz, während Gerhard ungerührt weiterisst. Joschka ernst, als er merkt, dass es kein Witz war.

JOSCHKA

Du spinnst? Wo soll denn das sein?

GERHARD

Ach, da ist jetzt grade ne Gelegenheit. Unser Freund Clinton, auch sehr sexy übrigens, probiert grade ganz was Neues aus. Ein NATO-Luftkrieg mit allem Drum und Dran, Splitterbomben, Uranmunition. aber diesmal: *Ohne* die UNO zu fragen!

Er reicht Fischer Kröte #2.

Gänzlich gegen das Völkerrecht und gegen das NATO-Statut auch übrigens. Zum ersten Mal. Premiere ...

Er zeigt mit der Gabel auf Joschkas Teller.

Iss!

Joschka schluckt die zweite Kröte.

JOSCHKA

Da muss doch die Völkergemeinschaft ... ich meine ... da ist doch eindeutig ein Rubicon überschritten?

GERHARD

Und jetzt pass auf: Du und ich, wir machen da mit!

Reicht ihm Kröte #3.

Aber nicht mit so'n Sanitäter-Heititei wie in Kambodscha, sondern richtig mit Bomben und so. Wir sind ja jetzt souverän, Alter! Nächsten Monat wird die Republik 50. Da wächst zusammen was zusammengehört.
Äh, pfui ...

Er spuckt ne Nudel aus.

GERHARD

Brandt. Apropos: Wodka?

Joschka trinkt das ganze Glas hastig ex.

JOSCHKA

Krieg? So richtig Krieg?

GERHARD

Jou. Und jetzt halt dich fest. Wir schmeißen das Zeug über Belgrad ab.

JOSCHKA

Das haben wir doch schon 1944 bombardiert?

GERHARD

Dann kennen wir uns ja aus. Das ist *die* Chance, Mann. Wir sind wieder wer. Die Russen werden staunen. Und die Chinesen erst, wenn die Amis ihre Botschaft zerdeppern, hehehe. Noch ein Wodka? Und jetzt kommt das Dollste:

Er zückt Kröte #4.

Du wirst das der Öffentlichkeit verkaufen!

Stopft sie ihm direkt rein und holt noch eine.

Mit dem Hinweis auf Solingen und Auschwitz.

Stopft ihm Kröte #5 rein.

Joschka schaut bedröppst. Gerhard spielt, als werfe ihm Joschka was vor und öffnet Der-Pate-mäßig entschuldigend die Handflächen.

Hatten wir so ausgemacht.

Joschka wirft die Empörte-Gesichts-Mimik ab und ist wieder normal.

JOSCHKA

Ja. Good guy, bad guy.

GERHARD

Ja.

und dann lobend:

Du bist 'n richtiges Arschloch.

JOSCHKA

„Mit Verlaub", immer dazusagen!

Fade-out/Fade-in Neue Szene

Immer noch am Tisch. Joschka jetzt auch ohne Jacke, aber sehr dick geworden. Beide essen mit den Gabeln direkt aus dem Topf und sind etwas betrunken.

GERHARD

Weißt du, in der Politik muss man Eier haben. Und Instinkt. Und mal sagt mir mein Instinkt, da machen wir jetzt ne Kommission und ein anderes mal sagt mir mein Instinkt: Scheiß auf das Gequatsche! Ich habe fertig und sage basta!

Gerhard hält ein Glas Wasser hoch und begutachtet es.

Wahnsinn, oder? Dieses Oderhochwasser, das hat uns den Arsch gerettet.

JOSCHKA

Nein, mein Lieber. Der Irak-Trick. Wie ich dir gesagt habe.

GERHARD

Damit hat die Linke nicht gerechnet, ne? Und die Rechten waren auch stolz, weil wir's dem Texaner mal gezeigt haben.

JOSCHKA

Weißt du, in der Politik muss man Eier haben. Und Instinkt. Komm mach nochmal!

Gerhard steht wankend auf.

GERHARD

„Es bleibt dabei: Unter meiner Führung wird sich Deutschland an einer Intervention im Irak nicht beteiligen."

Sie kippen ihr Oderwasser runter und beömmeln sich.

JOSCHKA

Und anderswo! Immer dazusagen. Haben wir immer gesagt früher „und anderswo". Hast du noch ein paar Kröten?

GERHARD

Ich ess jetzt mal …

Er sucht sich was im Topf und lässt dabei die Gabel kreisen.

Das is aber ein fettes Teil: Guantanamo.

JOSCHKA

Boah. Waren wir da nicht „empört" oder „tief besorgt" oder so?

GERHARD

Schon-schon, aber unsere Leute waren trotzdem drin und haben mitverhört.

JOSCHKA

Da haben wir aber den Rubikon überschritten. Ich ess jetzt mal (sucht)… die Zielerfassung durch unsere BND-Agenten in Bagdad.

GERHARD

Ich zeig dir gleich 'n Rubikon: (rülpst) Abu Ghraib …

JOSCHKA

Das is aber nich unsere Kröte.

GERHARD

Doch. Das ganze gibt's nämlich auch als Flugversion. Hör mal …

Er hält den Finger ans Ohr und schaut nach oben.

ZUSPIELER Flugzeug fliegt von links nach rechts

Das is zum Beispiel ein deutscher Gefangener. 'n Typ aus Neu-Ulm. Den hat die CIA nach Afghanistan verfrachtet, war aber ne Verwechslung. Passiert schon mal bei 1000 Flügen.

JOSCHKA

Wenn das rauskommt …

GERHARD

Das is kein Aufreger. Visa für Ukrainer, *das* is'n Aufreger.

Joschkas Handy klingelt. Gerhard schaut drauf.

Für dich. Claudia Roth.

JOSCHKA

Lass klingeln. Das hier ist ein Ding, das müssen Männer unter sich ausmachen.

GERHARD

Apropos. Soll ich was kommen lassen? VW hat jetzt Beifahrerinnen, serienmäßig … Ach Scheiße, hätt ich fast vergessen.

Er steht auf und holt nen neuen Topf.

JOSCHKA

Was das auch noch?

GERHARD entschuldigend aber ernst
Hartz IV, muss weg.

Fade-out/Fade-in Neue Szene

JOSCHKA

Wie isses gelaufen in Nordrhein-Westfalen?

GERHARD

Ach so, ja, äh … suboptimal. Was ich sagen wollte: Morgen ist die nächste Bundestags-wahl …

So leid's mir tut, aber da kann ich leider keine Koalitionsaussage machen.

JOSCHKA

Jetzt haste aber wirklich den Rubikon über-schritten.

Fade-out/Fade-in Neue Szene

JOSCHKA

Und? Was sagen die Hochrechnungen?

GERHARD

Suboptimal.

JOSCHKA

Scheiße … also Plan B, oder?

GERHARD

Hm.

JOSCHKA

Gasmann?

GERHARD

Jo. Und du? Schamfrist und dann Wirtschaft, oder?

Beide wechseln Pokerface-Blicke, jeder weiß vom anderen „Du bist genau so'n Arschloch wie ich, wir verstehen uns" – kumpelhafter Handschlag.

Black.

Kapitel 8
Großes Kino und Grenzerfahrungen

1999 entwickelten Christian Springer und ich ein weiteres Bühnen-Programm: Die Kino-Comedy *AWARD!*, in der wir das Gebaren von Filmkritikern auf die Schippe nahmen. Christian als „Jack Adabei", Anhänger des Hollywood-Action-Kinos und ich als „Rainier Bernstein", für den nur schwer zugängliches französisches Autoren-Kino eine Wertigkeit besitzt. Wir spielten selbstverständlich diverse Filmszenen vom Western bis zur Science Fiction, vom II. Weltkriegs-Schinken bis zu den Oscar-Verleihungen.

Außerdem schrieb ich den Untergang der „Titanic" um – aus der Sicht des Eisberges.

Text 18
Titanic

RICHTER

Zur Rechtssache „Eisberg gegen Titanic" bitte ich den Beklagten Eisberg in den Zeugenstand!

Eisberg erscheint, Richter friert!!!

RICHTER

Die Anklage ist bekannt, Sie haben am 14. April 1912 mitten in der Nacht ein Schiff mit 1500 Passagieren versenkt.

EISBERG

Hohes Gericht, ich bin unschuldig. Aber ich möchte noch schnell, bevor ich mich zur Sache äußere, den Antrag stellen, dass die Heizung abgestellt wird, weil ich irrsinnig schwitze.

RICHTER

Antrag abgelehnt. Im Gegenteil! Ich verfüge, dass die Heizung aufgedreht wird, weil ich irrsinnig friere.

EISBERG

Einspruch.

RICHTER

Abgelehnt. Bitte!

EISBERG

Herr Richter! Diese Anklage gegen mich ist vollkommen haltlos. Die Titanic ist mir einfach drauf.

RICHTER

Wie „drauf"?

EISBERG

Ich stand ganz normal in der Parkbucht, da seh ich wie ein Monstrum von Dampfer direkt auf mich zu fährt. Ich habe die ganze Zeit gerufen, aber die sind einfach weitergefahren ...

RICHTER

... und dann kam es nach Ihrer Aussage zu diesem Aufprall.

EISBERG

Jaja! Ein Wunder, dass alles so glimpflich abgegangen ist.

RICHTER

Das Schiff hat den Unfallhergang aber ganz anders geschildert!!

Hier steht, Sie haben gar nicht gestanden. Die Titanic habe im Rückspiegel plötzlich einen Eisberg gesehen. Der Eisberg sei unverhältnismäßig schnell dicht aufgefahren, habe das Schiff sodann überholt, geschnitten und sei dann ruckartig auf die Bremse gegangen, so dass die Kollision nicht zu verhindern war.

EISBERG

Nein, das ist nicht wahr! Ich war in der Parkbucht! Weil ich Hunger hatte, ich habe geparkt und bin in die *Nordsee* gegangen.

RICHTER

Um 23 Uhr in der Nacht?

EISBERG

Ja, natürlich! Es war ja Sonntag! Sonntag – Spätfischtag!

RICHTER

Können Sie das beweisen?

EISBERG

Wie denn?

RICHTER

Ja, haben Sie irgendwelche Beweise, Zeugen, einen Kassenzettel?

EISBERG

Ja! Ja, hab ich! Ich hab das alles eingefroren.

Der Eisberg ist im Verlauf der Verhandlung beträchtlich geschmolzen, er kramt in einer Nordsee-Kühltüte herum und fördert einen Fisch, eine Algensemmel und schließlich den Kassenbon zutage.

RICHTER

M-hm, 14. April, ja, ein Alaska-Seelachs, ein Algenbrötchen, 8 Euro 50, 23 Uhr … tatsächlich! Tja, Herr Eisberg, ich denke das Urteil liegt auf der Hand.

Der Eisberg ist bereits geschmolzen bis auf einen Eiswürfel. Der Richter hält den Würfel in der Hand und spricht mit ihm.

Dann ergeht hiermit im Namen des Volkes das Urteil. Ich spreche Sie von allen Vorwürfen frei. Hm …

Der Richter wirft den Eiswürfel in sein Wasserglas und trinkt.

Bald darauf trennten sich unsere Wege. Christian wechselte zu den *Komikern*, erfand sich die Figur des „Fonzä" und gründete später die Hilfsorganisation *Orienthelfer*. Dem BR ist er nach wie vor verbunden,

2012 übernahm er mit Michael Altinger die Nachfolge von Otti Fischers *Live aus dem Schlachthof*. Das Privileg, dort als Gast aufzutreten, war mir bislang nicht vergönnt. Es ist wie mit den Discotheken, wo nur Stammgäste rein dürfen, nur, wie wird man das?

Allerdings: Nationale Grenzen überwinden ist weitaus schwieriger: Seit Jahrzehnten wird das Asylrecht systematisch ausgehöhlt. Wirft man lange genug Worte wie „Asylmissbrauch", „Scheinasylanten" oder Wirtschaftsflüchtlinge" in den Raum, macht sich irgendwann ein Potential an Wähler*innen bemerkbar, die alles, was mit Flucht und Asyl zusammenhängt, für etwas teuflisch Illegales halten, was die Skandale der Konzerne zehnmal aufwiegt.

Würde irgendjemand den obszönen Reichtum des oberen einen Prozentes, der am Fiskus vorbei in Steueroasen versteckt wird, unter Clan-Kriminalität verbuchen? Nein. Man hält sich an Geflüchtete.

Propagandistisch immer ganz vorne dran: Die BILD-Zeitung, der ich 2012 gleich ein eigenes 45-minütiges Programm „widmete".

Vielleicht zur Erinnerung: Nahezu die komplette Kulturszene Deutschlands bestand zwischen 1933 und 1945 aus Exilanten. Aber das ist lange her und weit weg. Und wenn schon ein Bundesverwaltungsge-

richt es fertigbringt zu befinden, dass Folter in der Türkei als „übliches Mittel" zur Einhaltung der staatlichen Ordnung und also „nicht asylrelevant" zu bewerteten sei, was soll Asyl dann noch überhaupt?

Die fremdenfeindlichen Anschläge in Deutschland führten dazu, dass das Grundrecht auf Asyl, Artikel 16a, praktisch abgeschafft wurde. Deutschland, umgeben von sicheren Drittstaaten, delegierte das Flüchtlingsproblem an die Mittelmeeranrainer und begann massiv damit, Menschen abzuschieben. Ein florierender Abschiebungs-Flugverkehr, dessen freiwilliger und profitierender Teil die Lufthansa war und ist.

Auch im befreundeten Alpenraum hat man es nicht so mit Geflüchteten.

Der Nigerianer Marcus Omofuma verhielt sich im Mai 1999 bei seiner Abschiebung aus Österreich im Flugzeug nicht ruhig und gelassen, wie man es von einem Mann erwartet, der zu Hause von einer religiösen Sekte zum Tode verurteilt wurde. Infolge der Lärmbelästigung verschloss man ihm mit Klebeband Mund und Nase und drückte seinen Kopf zwischen die Beine. So waren es wenigstens nicht afrikanische Barbaren, sondern österreichische Polizisten, die ihn zu Tode brachten. Ein nur kleiner Trost.

Dazu schrieb ich drei Tage später ein Lied im „griabigen" Wiener Heurigen-Stil:

Text 19
Lied „Marcus O" (1999)

Markus, was is? Markus, was is?
Sag a Wort, sag an Ton, was bis 'D stumm
wüara Fisch?
Markus, geh, hearst, mach doch ka Witz!
Woarst doch so jung , so vital und so frisch.

Da Frühling's grod heier so schön,
Warum muasst Du da von uns gehen?
Du bist doch im Herbst erst z'uns kumman,
Du kannst uns doch jetzt nicht verstumman.

Markus, was is? Geht's Da so mies?
Is Da de Flugreisn doch nicht bekomman?
Sofia, Bulgaria! So vü is gwiss:
is nicht Deine Heimat, du Schussel, du Dummer!

A poar Stundn später und Du waarst z'Haus
in Lagos, am Meer, doch da weard nichts
mehr draus.
Am Hümme drobn schlogt Deine allerletzte
Stund',
hoitst für immer Dein' Mund,
na und?

Markus, Respekt! Markus, verruckt!
Gfösslt de Füß und auch gfösslt die Händ'!
Zwa Stund' woar die Goschn mit Klebband
verdruckt,
Aber du – so verruckt! – bist uns aussa am
End'!

So friedlich schaust' aus, ned so wüd wia
grod eb'n.

Vielleicht träumst Du jetzt von am besseren
Leb'n.
Bist a Weißer, a Weaner, a Minister! Aber naa!
Woarst a Schwarzer aus Af-ri-ka!
Mach's guat Marcus! Servus, Papa!

Es gab im Übrigen noch weitere Versuche, eine satirische Live-Show für den BR auf die Beine zu stellen. Im Jahr 2000 wurden außer mir vom BR u.a. noch einbestellt: Luise Kinseher, Stefan & Erkan, Helmut Schleich und Christian Springer. Die Texte sollten aus unseren Reihen kommen. So begannen wir zu schreiben.

Im November endete der Präsidentschafts-Wahlkampf in den USA mit einem zweifelhaft knappen Ergebnis. Der demokratische Kandidat Al Gore lag in Florida nach Wählerstimmen so knapp hinter George Bush jr., dass wegen Unstimmigkeiten bei den Wahlurnen, noch fünf Wochen nach Stimmenabgabe nachgezählt werden musste. Insbesondere wurde mit verschiedensten Tricks versucht, Schwarze von der Wahl ihres Kandidaten abzuhalten.

Daraufhin schrieb ich folgenden Sketch:

Text 20
Präsidentenwahl

Ort: Wahlstube in Florida
Personen:
Mr. Jefferson, blinder Bluesmann
Mrs. Redneck, Wahlhelferin

Büro. Schüchternes Klopfen. Ein weißer Mann mit Blindenstock und -brille tritt ein. Er trägt einen Blues-Hut.

JEFFERSON
Mrs. Redneck? Darf ich reinkommen?

REDNECK (unwirsch)
Jetzt san'S ja schon da.

JEFFERSON (hebt den Hut)
Es ist wegen der Wahl ...

REDNECK
Wahl? ... Was für eine Wahl?

JEFFERSON
Äh, die Präsidentenwahl.

REDNECK (laut als sei er gehörlos)
Die ist schon vorbei, Herr Jef-fer-son!

JEFFERSON
Wie? Was? Wer ist denn geworden?

REDNECK
Fragen 'S mich was Leichteres, ist doch wurscht!

JEFFERSON
Ich frag ja nur, weil, ich war ja schon drei Mal hier. Das erste Mal hat's geheißen, „Blinde dürfen nicht wählen, aber lassen Sie ihren Wahlzettel mal da" und dann hab ich gesagt, da muss ich mich erst kundig machen. Dann is rausgekommen, dass des gar nicht stimmt. Dann bin ich wieder her, dann hat's geheißen „Sie sind ja ein Schwarzer, da haben Sie ja gar kein Wahlrecht, aber lassen Sie Ihren Wahlzettel mal da" und dann hab ich gesagt, da muss ich mich erst kundig machen. Dann is rausgekommen, dass des auch gar nicht stimmt, dass Schwarze nicht wählen dürfen. Dann bin ich wieder her, dann hat's geheißen, Entschuldigung, Herr Jefferson, natürlich dürfen Sie als blinder Schwarzer wählen, gehen 'S einfach her, dann helf 'ma Ihnen beim Ausfüllen, dann hab ich gesagt, der is schon ausgefüllt, dann haben sie gesagt „Ja, aber falsch, da ist ja beim Al Gore ein Kreuz gemacht", dann hab ich gesagt, den will ich ja auch wählen, dann hab ich den Zettel in den Karton geworfen.

REDNECK
Schön, Herr Jefferson, dann ist ja alles in Ordnung.

JEFFERSON
Dann hab ich gesagt „Das hör ich doch, dass der unten ein Loch hat", dann haben sie gesagt, „war ein Witz" und ich hab den Zettel

vom Boden aufgehoben und in die Urne geschmissen.

REDNECK

Herr Jefferson, worauf wollen Sie hinaus?

JEFFERSON

Dann hat ihr Kollege gesagt „Was soll denn der Zettel da im Blumentopf", erinnern Sie sich?

REDNECK

Das kann gar nicht ich gewesen sein, Sie verwechseln das.

JEFFERSON

Dann komm ich heim, sagt mein Neffe, „Onkel Tom, da pickt ein Zettel an Deinem Rücken".

Er dreht sich zum Publikum, man erkennt den Zettel, darauf groß „Gore" und ein Kreuz daneben.

Mein Wahlschein! Und den will ich jetzt abgeben.

REDNECK

Ja, guter Mann, da kommen Sie jetzt daher! Aber bitte, nicht dass es heißt, die Wahlen seien nicht fair gewesen: Die nächste Tür rechts, da können Sie nachträglich Ihre Stimme abgeben.

Jefferson geht zur Tür hinaus, man hört ihn fallen, Wassergrabenplatscher, wilde Tiere fressen ihn auf, grausame Schreie ...

REDNECK

Die hamma gern. Des siehgt doch a Blinder, dass der ned schwarz war.

Auf unsere Texte wurde dann großzügig verzichtet, stattdessen holte man plötzlich Leute aus Köln, von Endemol mit gar fürchterlich platten Comedy-Ideen. Wir waren nicht „convinced", trafen uns im Vorfeld und beschlossen, das Konzept einstimmig abzulehnen. Und so kam es, es war einstimmig, also eine Stimme dagegen – meine. Ich bekam solidarisches Mitleid, die Show fand dann aber ohne mich statt – und wurde schließlich heimlich und leise eingestellt.

Kapitel 9
Ehe, Kind und Indianer

1999 hatte ich geheiratet und zur Jahrtausendwende „gönnte" ich mir zwei weitere einschneidende Veränderungen. Zum einen veröffentlichte ich meine erste CD, das Album *Der Dritte Montag* ...

Zum anderen mietete ich ein Atelier an, in dem ich künftig meine weiteren Alben komponieren und Stücke schreiben würde. Ich ließ den Raum zu einer Galerie umbauen, genannt *GaGalerie*. Bis heute führe ich dort Ausstellungen durch.

„Du musst unbedingt den Bully kennenlernen", sagte damals mein Gitarrist Didi Holesch, der auch in der Band eines gewissen Bully Herbig spielte – ein Münchner Comedian, der bereits erfolgreich in Radio und Fernsehen vertreten war. Didi kam mit einem Auftrag zu mir. „Du, pass auf", sagte er, „der Bully und seine Leute drehen einen Indianerfilm, frag mich nicht, worum es geht, jedenfalls soll es da eine Szene geben, wo die Hauptdarsteller gefesselt auf dem Boden liegen und ein Bösewicht sie fragt, ob sie sich noch was wünschen, bevor er sie erschießt. Sie würden sich dann eine Werbemelodie wünschen, von einer Pistolen-Reklame, so was in die Richtung. Kannst du da nen Text dazu schreiben?"

Klar, sagte ich.

Und so dachte ich mir einen griffigen Namen aus für eine Pistole, „Superperforator", ein Ding, das es beim örtlichen Waffenhändler von nebenan gäbe, der Rest des Textes beschreibt Tarrantino-mäßig das übliche blutige Gemetzel.

Es sollten noch weitere Aufträge kommen: Das *Lebkuchenherz* und verschiedene Songtexte für die nächste *Bullyparade*. Aus praktischen Gründen sollte ich auch alle Songs des Filmes gleich selber einsingen, was ich mit verstellten Stimmen tat.

Es war wohl keinem bewusst, dass das Machwerk mit dem Titel *Der Schuh des Manitu* mit über 10 Millionen Besuchern der bislang erfolgreichste deutsche Kinofilm aller Zeiten werden würde ...

Text 21
SUPERPERFORATOR

You don't have to wait for later
Here's a new eliminator.
Ask your local weapon trader
For the Superperforator.
Stress? Just cool it!
Here's a special bullet
Put it in the magazine!
Boom Bang into your been!

You can call the Operator
for the Superperforator!
Killing is our habit
Makes you wriggle like a rabbit.

But before you die, my dear!

Have a final glass of beer,
And before the break of dawn

We'll have you back, where you belong.
Sprinkeling the lawn.

Boom-bang-bang,
The bang-boom-boom,
Meet your doom
Call us soon,
The local weapon-trader
For the superperforator.
CHEEEEERS!

2001 wurde ich Vater eines fantastischen Sohnes. Die ersten frühen Jahre verbrachten wir viel Zeit miteinander. Meine Frau war berufstätig und ich einigermaßen flexibel. So arg viel Männer waren auch damals noch nicht mit Kinderwägen zu sehen. Beim Babymassage-Kurs war ich das einzige männliche Exemplar. Der Wert von sogenannter Care-Arbeit ist ein Politikum, das zentral ist für den Feminismus. Wenn ich mich als Feminist bezeichne, dann nicht aus „kultureller Aneignung", sondern, weil es eben wichtig ist und nebenbei Spaß macht, die noch immer vor sich hinblökenden Berufs-Männer damit zu schocken. Die Aufregung über das Gendern ist eine psychische Trotzreaktion, vergleichbar mit der Zeit des Übergangs von Monarchie zur Demokratie.

2001 schrieb ich folgenden Text:

Text 22
Wehen

Alle Menschen sind ja verschieden,
aber eines haben wir alle gemeinsam:
Eine Mutter.

Ohne sie wären wir gar nicht da.
Wir könnten das alles gar nicht tun, was wir
tun:
uns gegenseitig bespucken
und ermorden,
den Planeten aufteilen,
verkaufen,
vergiften und in Sack und Asche bomben.

Mutti – ich war's nicht! Der war's!

Und Mutti wird sagen „Vielleicht, vielleicht
auch nicht".

Doch dann kommen schon wieder die Wehen.

Ja, aber Mutter! Wieso denn Wehen, was tut
dir denn weh?

Und Mutter wird sagen:
Das ist eben so,
das kommt,
weil ich eine Frau bin.

Und während ihr jeden Tag Geschichte macht
und neue Bündnisse schmiedet
und neue Landkarten malt,
bleibt eines unverändert für alle Frauen dieser Welt:

1% von Grund und Boden, 1% des Weltein-
kommens.

Das, wird Mutter sagen,

Das sind meine Wehen.

In meiner Zeit beim BR-Hörfunk hatte ich
die Moderatorin Susanne Rohrer kennengelernt. Sie trug sich mit dem Wunsch einmal
Kabarett zu machen und wollte mich fragen,
wie man das so praktisch angeht. Ich bot ihr
an, mit mir gemeinsam ein Programm zu
schreiben und aufzuführen.

Wir ersannen gemeinsam einen Frau-
Mann-Krimi um den ungelenken und un-
zufriedenen Kinderkrippenbeauftragten in
der Stadtverwaltung, Wolf („Wölfchen") von
Leyboldt-Mist und seine Gattin, Cora von
Leyboldt, verwöhnte Tochter eines reichen
Vaters. Zu Anfang ihrer Ehe ist die Beziehung noch glücklich, weil kinderlos. Doch
eines Nachts meldet sich die Evolution bei
Wölfchen und verlangt einen Stammhalter,
worauf „Wölfchen" zum Wolf mutiert …

Das Programm *Die Frauen essen uns alles
weg!* hatte im Herbst 2001 Premiere im *Heppel und Ettlich* und war drei Wochen lang
ausverkauft.

Zwei Jahre lang waren wir unterwegs, da
ergab sich 2014 eine unerwartete Gelegenheit …

Kapitel 10
Die Lach- und Schieß

2003 wurde das ohnehin brandneue Ensemble der *Lach- und Schießgesellschaft* mit Holger Paetz, Viola von der Burg, Michael Altinger und Uli Bauer wieder aufgelöst. Wie man hörte auch im Streit mit dem Gesellschafter Bruno Jonas. Der damalige Geschäftsführer und Münchens Kleinkunst-Macher Nummer 1, Till Hoffmann , fackelte nicht lange und engagierte todesmutig den Hamburger Autor und Schauspieler Michael Ehnert, der die Programmatik deutlich verschieben sollte, weg vom reinen Nummernkabarett und einer allwissenden Bonmot-Absonderei in Richtung erzählerisches Theater mit explosiver Dramatik.

Ehnert war schon ein Jahrzehnt mit seinem Partner Kristian Bader als *Bader-Ehnert-Kommando* unterwegs und hatte beim letzten Programm des legendären Düsseldorfer Ensembles *Kom(m)ödchen* Regie geführt.

Wer mit dem Namen *Lach- und Schieß* nichts anfangen kann: Die *Münchner Lach- und Schieß* ist eine Kabarett-Institution mit langer Geschichte. 1956 von Sammy Drechsel gegründet, der den jungen Dieter Hildebrandt entdeckte. Bis 1972 waren die Programme des Ensembles durch ihre Fernsehpräsenz ein ernstzunehmendes Korrektiv bundesdeutscher Politik und in der Bevölkerung ausgesprochen beliebt und populär. 2001 hatte der gebürtige Passauer Till Hoffmann, der bereits das *Lustspielhaus* erfolgreich führte, die *Lach und Schieß* übernommen.

Durch Zufall erfuhr meine Frau von einem Casting und sagte „Versuch mal dein Glück, schaden kann's nicht". Wie man hörte, sollte das neue Stück auch eine Art „Musical" sein. Gesucht war eine Besetzung, die in der Lage war, komplexe Theaterszenen umzusetzen, sehr körperlich zu arbeiten und natürlich zu singen und zu tanzen.

Ich hatte mich für das Vorsprechen intensiv vorbereitet, insbesondere auf die Figur der „Vogelscheuche", denn das Programm, so hieß es, werde eine Parodie auf das Musical *Der Zauberer von Oz* sein, Titel *Jenseits von Oz*.

Ich studierte die Körperlichkeit der Vogelscheuche, die Tanzschritte, dichtete ein

Lied dazu und gab noch einige Solo-Gimmicks zum Besten – unfassbar!

Ich wurde genommen!

Ebenso die Kölner Frohnatur und Erz-Schauspielerin Sonja Kling, der feinsinnige Stimmkünstler Thomas Wenke und das Energiebündel Michael Morgenstern. Natürlich fragte ich Susanne Rohrer, ob sie böse wäre, wenn ich zur *Lach- und Schieß* wechsle? Sie war es nicht und hieß die Entscheidung gut.

Das Programm selbst lernten wir erst in Hamburg kennen, bei der ersten Lesung stockte uns der Atem: Es ging um Kindsmisshandlung und Gehirnwäsche und war über große Strecken wahrlich gruselig, dazu intellektuell verstiegen, wenn auch brillant. Es würde eine echte Herausforderung werden.

Ich übernahm die musikalische Seite, schrieb einige Songs, komponierte und produzierte sie.

Die Proben in München waren außergewöhnlich intensiv, ausgesprochen lustig und ich habe selten so viel wichtige Dinge gelernt. Dem genialen Universal-Satiriker Ehnert habe ich letztlich zu verdanken, dass ich als Solokabarettist spieltechnisch und als Autor schreibtechnisch in der Gegenwart angekommen bin.

Das Programm selbst hatte es allerdings in sich. Wir mussten uns „prügeln", „ohrfeigen", an die Geschlechtsteile fassen …

Ich trug als Vogelscheuche Handschuhe, der rechte mit einem Gartenrechen als Finger, Michael eine metallene Rüstung, Thomas war eine buckelig-humpelnde Hexe und Sonja ein Punk-Girl mit zerrissenen Strumpfhosen.

Einmal strich ich mit meinem Krallenhandschuh die Saiten meiner Laute von unten nach oben, dadurch splitterte das Holz und es wehte mir Sägemehl ins Auge.

In einer Szene musste ich mich zusammengekrümmt in einem großen Koffer der auf offener Bühne lag, umziehen und dann mit einem SM-artigen Kopfgurt aus dem Koffer steigen, um gleich darauf eine Ohrfeige zu empfangen – von der Figur des Daniel Gottlob Moritz Schreber. Ein Orthopäde und Dozent, dessen Pädagogik auf mechanischer Deformierung von Kindern beruhte.

Als wir damit rauskamen, spaltete sich das Publikum zusehends. Hier die Älteren, die immer noch dachten, Dieter Hildebrandt käme gleich zur Tür herein und würde die CDU attackieren, dort die Jüngeren, die sich von diesem crazy Horrorfilm mitreißen ließen.

Es war ein richtiger Kulturkampf, den wir da führten und zugegebenermaßen begannen wir im Verlauf der Tournee dann doch einige tagespolitische Pointen zu entwickeln, damit – wie die Kolleg*innen von der Dresdner *Herkuleskeule* es ausdrückten – auch „Tante Käthe" was zu lachen hat.

Es gab zum Beispiel kein Programmheft. Also machten wir unterwegs selber eins und verteilten es vorher.

Ich war in meinem Leben noch nie „auf Tournee" gewesen und dass da ein „Büro" ist, das alles ausmacht und Hotelzimmer bucht und hin- und wieder Radio-, Presse- oder gar TV-Termine anberaumt, das kannte ich nicht.

Es war eine unglaublich spannende Erfahrung. Ich lernte die kommenden Ensemble-Jahre 200 Städte und Bühnen kennen, die fleißigen Menschen, die sie am Leben erhalten.

Oft verbrachten wir Tag um Tag im Tour-Sprinter, konnten gerade einchecken, aufbauen, spielen, schnell irgendwo irgendwas essen und schlafen. Morgens wieder in den Sprinter. Das ging auf die Gesundheit. Die vielen Kilometer nutzte ich zu intensiver Lektüre von Zeitungen. Und ihrer Archivierung. Es war schlicht und einfach gefährlich, die Tür auf der Seite des Wagens, wo ich saß, zu öffnen.

Und ich machte Fotos von all den Spielorten, damit ich meinem Sohn zeigen konnte, wo ich war.

Nach dem Spiel ist bekanntlich vor dem Spiel. Schon im Herbst tauchte die Frage nach dem nächsten Stück auf …

Ich schlug einen Plot vor, der letztlich auf ein reales Verbrechen zurückging.

Am 22. August 2004 hatten Diebe in Oslo aus einem Museum das weltberühm-

te Gemälde *Der Schrei* von Edvard Munch gestohlen. Ich kannte es sehr gut aus meiner Zeit als Student der Kunstwissenschaften. Ich las das in der Zeitung und murmelte vor mich hin:

„So, so, der Schrei ist gestohlen ...“ Sofort begann das Hirn zu rattern:

Wenn die Gesellschaft den Schrei, die Möglichkeit des Protestierens, nicht mehr hat, wäre das nicht eine irre Geschichte für ein Stück?

Der staatliche Apparat, die Wirtschaft, was würden die drangeben, wenn „der Schrei“ verschwunden bliebe? Die Opposition würde ebenso danach fahnden, um ihre Reaktionsfähigkeit wiederzuerlangen.

Es war ein Hotelzimmer in Hoechst, wo ich das Expos für *Abgehängt* in den Compu-

Der von der Regierung Bush jr. verantwortete Umbau des Staates im Verlauf des „war on terror" nach dem 9/11-Anschlag, die wachsweiche Legalisierung von Folter, das extra-legale Gefängnislager von Guantanamo, all dies war für mich eine Kriegserklärung an die Demokratie.

Und ich meine, ich fand dafür eine passende szenische Sprache. Bei der zu Recht skeptischen Geschäftsleitung musste ich freilich hart kämpfen und Pointe für Pointe verteidigen. Und es galt noch ein weiteres Problem abzuklären: Was, wenn das reale Bild wieder auftauchte, bevor das Stück abgespielt ist?

Zu diesem Zweck fuhr ich nach Köln, wo ich mich mit einer führenden Kunst-Diebstahl-Detektivin unterhalten konnte. Sie wiegelte ab. Kunstraub arbeite mit langem Atem, um den Preis für Lösegelder oder andere Lösungen sachte steigern zu können.

Gottlob konnten wir abermals Michael Ehnert als Regisseur gewinnen. So fieberte ich im April 2005 der Premiere von *Abgehängt* entgegen – sie wurde ein Riesen-Erfolg! Das Programm erhielt den AZ-Stern und die tz-Rose, die *Süddeutsche* bilanzierte, es sei „fast so etwas wie die Quadratur des Kreises" gelungen.

Eine Szene spielte sich beim „Gesundheitsamt" ab. Die Behauptung des Stücks

ter hackte. Wir gastierten dort. Ich hätte nie gedacht, dass ich schon ein Jahr nach dem Einstieg ein Programm für die *Lach- und Schieß* schreiben sollte.

Einerseits fand ich den Ehnert'sche Fantasy-Ansatz reizvoll, andererseits wollte ich schon knallharte und explizite Systemkritik üben. Denn längst kursierten Presseberichte über geheime Folter-Zentren der CIA in verschiedenen Staaten und geheime Flugzeug-Transporte, in denen man Menschen, die man für islamistische Terroristen hielt ohne juristische Transparenz foltern ließ.

war, dass ein dadaistischer Verrückter aus völlig unkommerziellen und unpolitischen Gründen den „Schrei" gestohlen habe. Das Bild lag in einem Koffer und sorgte für Friedhofsruhe und Kriechertum, wenn der Koffer geschlossen war.

Wurde er geöffnet, begannen die Menschen frei zu denken, zu handeln und zu sprechen.

Text 23
Hörgerät

Frau Öderlein, eine gehörlose, kurzsichtige alte Dame trifft in einer Behörde auf den Beamten Herrn Schwarzhuber (bayerischer Dialekt, er lispelt)

SCHWARZHUBER (Ecco) mit Akten

Also, Frau Öderlein, wir haben das jetzt überprüft. Es ist so: Die Spitzenverbände der Krankenkassen sind laut Bundesgesundheitsreformgesetz vom Bundesarbeitsminister für Wirtschaftsarbeit angewiesen in Rücksprache mit dem Verband der Hörgerätehersteller die Festbetragsbereiche für die Versorgung Hörgeschädigter mit Hörgeräten einheitlich zu bestimmen. Sobald diese Festbetragsbereiche festgelegt sind, müssen sich die Landesverbände der Krankenkassen auf die Vereinba-

rungen des Bundesverbands beziehen und gesondert über die Festbetragsbereiche für die Versorgung Hörgeschädigter mit Hörgeräten entscheiden ... aber wozu ... erzähle ich Ihnen das alles, Sie haben ja sicher schon davon *gehört*?

GEHÖRLOSE (schweigt, bzw. hört angestrengt)

SCHWARZHUBER

Auch Sie, Frau Öderlein, fragen natürlich: „Was soll das Ganze?"

GEHÖRLOSE (schweigt, bzw. hört angestrengt)

SCHWARZHUBER

Sinn dieser Bundesgesundheitsreformgesetzgebungsklausel ist folgender: Der Gesetzgeber wünscht die Kosten für die Versorgung Hörgeschädigter mit Hörgeräten um 45% zu senken. Selbstverständlich sind sich die Krankenkassen darüber im Klaren, dass eine 100%ige Versorgung Hörgeschädigter mit Hörgeräten so nicht in allen Fällen gewährleistet sein wird und glauben Sie mir, dass wir über diese Entwicklung genauso wenig glücklich sind wie Sie und ich ...

GEHÖRLOSE

Herr Schwarzhuber! Sie haben mich sicherlich falsch verstanden: Ich habe ja ein Hörgerät, aber keine Batterien!

SCHWARZHUBER (laut)

Frau Öderlein! Sie haben offenbar mich nicht richtig verstanden!

Er versucht es mit Zeichensprache.

Die (Finger zeigt nach oben) *Spitzen*-Verbände der (Bauchwehgeste) *Kranken*kassen gehören ja im Prinzip zu den (beide Daumen nach oben) … Befürwortern …

GEHÖRLOSE

Die Batterien sind alle …

SCHWARZHUBER

Frau Öderlein! Hören Sie!

GEHÖRLOSE

Nicht mehr viel.

SCHWARZHUBER

Frau Öderlein!! Ich habe das Gefühl, Sie wollen mich nicht verstehen. Es tut mir leid, aber …

Spitzweg, der verrückte Kunsträuber, hat das Bild Der Schrei *in einem Koffer verwahrt. Öffnet er ihn, verändert sich seine Umgebung und zwingt sie, plötzlich die pure Wahrheit zu sagen.*

SCHWARZHUBER

Ich muss ganz offen sagen, ich schäme mich. Ich meine, es liegt ja auf der Hand alles, wer zuerst krank wird und Hilfe braucht und wer zuerst stirbt, jeder kann's nachlesen, jedes Jahr schreien sie's raus, die Wohlfahrtsverbände. Trotzdem wird bei Ihnen gespart, und's Geld bleibt woanders hängen. 500 Milliarden Euro Steuerflucht-Kapital. Schweiz, Luxemburg, Liechtenstein. Das Kapital ist beweglich, Frau Öderlein, im Gegensatz zu Ihnen.

Sie haben sich abgerackert ein Leben lang und ihre Krankenkassenbeiträge gezahlt. Aber jetzt, wo Sie alt sind – Verzeihung! Eine Seniorin – jetzt, wo Sie was brauchen, reißt Ihnen eine Große Koalition die Brille von der Nase, die christlich-soziale-liberale Parteijugend rechnet Ihnen die Hüftgelenke weg. Für jede Scheißtablette zahlen Sie bar drauf.

Dem Chef von der AOK, dem sind seine 160.000 Euro im Jahr zu wenig. Aber Sie, Sie müssen ein schlechtes Gewissen haben und des ham's. Was meinen Sie, wie viel sich die Zähne im Maul wegfaulen lassen, weil sie Monat für Monat ihr kleines Erfolgserlebnis darin sehen, sich nicht verschuldet zu haben. Aber wissen's was, ich schreib Ihnen jetzt ein …

Spitzweg lässt den Koffer wieder zufallen. Schwarzhuber wird leise, gefasst und sachlich:

SCHWARZHUBER

Ja, Frau Öderlein. Es tut mir leid, Sie müssen einfach abwarten. Immerhin: Die Rechtsverordnung des Bundesarbeitsministers, nach der Batterien aus der Leistungspflicht der Krankenkassen herausgenommen werden sollen, wurde ja aus der Bundesgesundheitsreformgesetzgebung herausgenommen!

GEHÖRLOSE

Ich habe sie nicht herausgenommen. Sie sind leer!

SCHWARZHUBER (sehr laut)

Glaube ich Ihnen. GLAUBE ICH IHNEN JA!! Wir werden natürlich dafür sorgen …? … wir werden natürlich dafür SORGEN, dass die VerSORGung HÖRgeschädigter mit HÖRgeräten nicht den VerSORGten angelastet wird und die VerSORGung von HÖRgeräten mit Batterien EBEN NICHT aus der Leistungspflicht herausgenommen wird.

GEHÖRLOSE

Wenn ich das Hörgerät herausnehme …

Sie zieht das Gerät demonstrativ aus der Ohrmuschel.

… dann höre ich ja gar nichts mehr!

SCHWARZHUBER

Was?

GEHÖRLOSE

Was?

Sie steckt das Gerät zurück ins Ohr: Beide hören wieder.

Ich kann sie einfach nicht bezahlen.

SCHWARZHUBER

Hören Sie, Frau Öderlein …? … ich meine, sehen Sie: Wir verhandeln. ABER ES IST NOCH NICHTS DABEI HERAUSGEKOMMEN.

GEHÖRLOSE (am Ende)

Ich habe sie nicht herausgenommen. Die Batterien sind alle und ich habe kein Geld für neue.

SCHWARZHUBER (ebenfalls am Ende, treibt sie zur „Tür")

Ich weiß, ich weiß! Ich kann Sie ja so gut verstehen. Warten Sie ab!! – Sie hören von uns!

Ein Erzählstrang war die Entwicklung des Protagonisten „Menke", ein Kabarettist, der sich selbst auf der Bühne vermarktete, indem er seinen Namen als Webadresse zu Markte trug. Dieter Nuhr tat das beispielsweise auf seinen T-Shirts. Meine Figur Menke war zwiegespalten, er gab sich systemkritisch, ließ sich aber gerne, wenn auch nicht zu offen, für Geld korrumpieren, was er im Lauf der Geschichte schwer bereute, dann aber zu einem übertriebenen, ebenso unerträglichen Rebellen wurde. In der folgenden Szene wird er im Flugzeug von einem Unternehmens-Manager angequatscht.

Text 24
Der Kabarettist in den Augen eines Rüstungs-Managers

Auf dem Jungfernflug des ersten A-911, des größten Passagierflugzeugs der Welt, begegnet ein süddeutscher Rüstungsmanager dem bekannten Kabarettist Menke.

KALTENEGGER (Händeschütteln)

Gestatten? Kaltenegger. Von der EADS/LFK in Unterschleißheim / München.

MENKE

Oh, sagt mir leider nichts.

KALTENEGGER

Nun, das ist eine große Stadt im Süden der Bundes ...

MENKE

Nein, ich meine EADS/LF...?

KALTENEGGER

EADS? Isch Daimler. LFK isch Lenk-Feuer-Körper.

MENKE

Lenkfeuerkörper? Ist das so was wie Sven Hannawald?

KALTENEGGER zeigt mit beiden Zeigefingern auf Menke und lächelt das gequält-anerkennende „Hab-die-Pointe-verstanden"-Lächeln.

KALTENEGGER

Nein, ich erklärs Ihnen. Lenk-Feuer-Körper sind quasi größer als Pistolenkugeln, aber kleiner als Atombomben. Zum Beispiel haben wir den *Polyphem* fertig, für den Eurofighter, ein lichtwellengestütztes System, d.h. der Pilot kann den Sprengkörper in Echtzeit auf dem Monitor verfolgen, präzise z.B. durch ein Fenster lenken und zünden.

MENKE

Wow. Funktioniert das auch bei Altbaufenstern?

KALTENEGGER

Das.. weiß ich jetzt gar nicht. Aber in Sachen Zielgenauigkeit ist Deutschland inzwischen Weltspitze. Wir wollen doch die Herzen der Menschen erreichen.

Unseren neuesten Airbus, den A380 sollten Sie mal sehen! Zwei Stockwerke, Boutiquen, Kinderhort, Kirche, Rathaus, integrierte Landebahn ...

MENKE

Integrierte Landebahn?

KALTENEGGER

Der isch ja sauschwer, da sind ja manche Flughäfen gar nicht ausgerüstet. Deswegen hat der immer seine eigene Landebahn dabei.

MENKE

Aber wie soll denn das gehen, der kann doch nicht in sich selbst landen?

KALTENEGGER nickt, zeigt auf Menke à la „guter Einwand" und notiert sich das.

...jedenfalls ist das ein ziemlich großes Flugzeug: 853 Sitzplätze. Und wer sich da beschwere tut über die lächerliche 30 Milliarden Subventione, der haha soll hahaha soll doch haha hahaha mit der Bahn fahren hahahaha.

MENKE

Hahahaha, der kann ja Bahnfahren!

KALTENEGGER

Außerdem ist das antieuropäisch gedacht. Schaun Sie ma: Der Rumpf vom Airbus ... kommt aus Hamburg, die Flügel ... aus Wales, die Kanzel ... aus Frankreich.

MENKE

Und das Kerosin bezahlt der Bahnkunde.

KALTENEGGER (zeigt anerkennend schmunzelnd auf Menke)

Stimmt. (Menke wird nachdenklich, als sich die Pointe als Wahrheit entpuppt) Apropos Treibstoff, was mich eigentlich herge„trieben" hat: Kleines Autogramm?

Menke zieht seinen Stift raus. Kaltenegger ein Plastikflugzeug.

Hier vielleicht auf diesem Eurofighter.

Menke unterschreibt äußerst widerwillig, Kaltenegger in den Fluggastraum:

Das ist der Menke!

MENKE

Schschscht!

KALTENEGGER

Menke , aus Ihnen wird noch mal ein ganz Großer, das spüre ich.

Durch die vielen Auftritte wurde unser Ensemble-Zusammenspiel zunehmend traumwandlerisch sicher. So, dass wir auch bei Versprechern sofort improvisieren konnten.

Zweimal hatte Sonja Kling, die die Figur Kaltenegger spielte den Kugelschreiber vergessen, mit dem „Menke" ein Autogramm geben sollte. Beim ersten Mal schoss mir automatisch ein Angebot in den Kopf und ich sagte zu ihr: „Ich kann Ihnen die Unterschrift doch mit der Zunge da drauf tätowieren?" Sie antwortete ohne mit der Wimper zu zucken: „Dann lecken sie doch mal drüber" und hielt mir das kleine Modellflugzeug hin.

Am nächsten Tag vergaß sie den Stift wieder. Diesmal war es mein Flugnachbar „Hafferl" (Michael Morgenstern), der die

Situation klärte. Er verschwand im Off und erschien wieder mit den Worten: „Ich habe hier einen Zauber-Kugelschreiber! Einen unsichtbaren!"

Sehr schön war es für uns bei der Freiburger Kulturbörse oder bei der TV-Sendung *Scheibenwischer* mit anderen Kolleg*innen zusammen zu kommen: Neben Dieter Hildebrandt mit Richard Rogler und dem von mir verehrten Georg Schramm etwa. Im März 2006 spielten wir beim WDR-Kabarett-Festival im Bonner *Pantheon*. Im Publikum: Dieter Nuhr.

In der Pause fing mich einer der Bonner Veranstalter sichtbar erregt ab, um mich vorzuwarnen, Nuhr sei außer sich. Er habe den Aufdruck auf meiner Mütze auf sich bezogen. In der Tat stellte er mich im Treppenhaus zur Rede, damit könne doch nur er gemeint sein, niemand anderes, denn die Verwendung seiner Webseite auf Bühnen-Textil sei sein Markenzeichen, und er habe niemals für Großkonzerne gespielt. Well, ganz offenbar kann Kabarett doch etwas bewirken, aber es hätte jeden von uns erwischen können – denn wie Adorno schon sagte, gibt es kein richtiges Leben im falschen.

In jenem Monat hatte Till Hoffmann überdies eine neue spannende Location aufgetan (in dieser Disziplin ist er bis heu-te einsamer Meister aller Klassen): Wir spielten im Audimax der Ludwig-Maximilians-Universität, meiner Studium-Heimat! Ich hatte zuvor den Regisseur der legendären Gerhard Polt-Kinofilme, Hanns-Christian Müller, kennengelernt und überredet, dieses Programm mit mehreren Kameras mitzuschneiden. Das Ensemble hatte einen richtig guten Lauf an diesem Abend und der Mitschnitt wurde grandios. Man sollte das eigentlich mal auf Youtube oder Vimeo stellen.

Das originale Munch-Bild tauchte in der Tat erst wenige Tage vor unserem letzten Spieltag wieder auf. Es gibt noch kunstsinnige Diebe.

Das nächste Programm, das anstand, war ein sehr besonderes, denn es galt das Jubiläumsprogramm zum 50-jährigen Bestehen der *Lach- und Schieß* zu schreiben. Einige Wochen verbrachte ich in deren Archiv, in einem Keller unweit des „Ladens", und las jedes Programm durch, das bisher dort zur Aufführung gekommen war. Im März und April 2006 dann schrieb ich das Programm *Große Freiheit 50*, in dem ich die Geschichte der Bundesrepublik in mehreren Szenen aufarbeitete.

Ich halte es nach wie vor für ein Meisterwerk, aber es fiel im Plenum durch. An „zu ernst, zu politisch" erinnere ich mich, was sollte ich sagen? Die „Pointendichte" war hoch, es gab jede Menge Songs, verschiedenste Spielebenen, den Einsatz von Videoprojektionen. Die Zeit war wohl noch nicht reif für das, was heute bei *Böhmermann* und *Anstalt* völlig normal ist. Für mich nach wochenlanger, zunächst unbezahlter Arbeit natürlich ein harter Schlag.

Ich bot zeitnah einen anderen Plot an, der mir durchs Hirn schwebte: Ich wollte Deutschland als Person erfinden, die psychisch krank sei und dringend therapiert werden müsse. Ich fuhr nach Gießen und suchte einen der führenden Sozial-Philosophen und Psychoanalytiker, Horst-Eberhard Richter, auf. Der nahm sich immerhin zwei Stunden Zeit und wir plauderten über meine These: Was, wenn Deutschland ein Mensch wäre. Wofür stünden die Traumata, die diese Republik seitdem erlebt hat?

Der Plot wurde genommen. Ich begann wieder zu schreiben. Außerdem wurde der Passauer Kabarettist Manfred Kempinger und der wortgewaltige Physiker Georg Grögg mit ins Team genommen. So entstand das Programm *Verlängert*.

Eine Szene aus der „Großen Freiheit" hatte freilich überlebt und darf in diesem Buch nicht fehlen.

Text 25
Heiteres Berufe-Raten

Jingle von „Was bin ich. Heiteres Berufe-Raten" mit Robert Lemke, Applaus

LEMBKE
So Marianne, Hans, jetzt dürft ich euch bitten, die Masken aufzusetzen, jetzt kommt nämlich unser Ehrengast. Unser Gast ist männlich, 54 Jahre alt und ist angestellt.

Welches Schweinderl hätten Sie denn gern?

So, dann könnt ihr jetzt eure Fragen stellen, Marianne, du fängst an.

MARIANNE
Haben sie für ihre jetzige Tätigkeit eine spezielle Ausbildung benötigt?

Lembke antwortet für den Gast, stets nach kurzem Zunicken und Abstimmen

LEMBKE
Nnnnnein.

HANS

Geh ich recht in der Annahme, dass es nicht zutrifft, ich würde mich irren, wenn ich fälschlich unterstelle, ihre Profession sei besonders schwierig?

LEMBKE

Nein.

MARIANNE

Aber man kann davon ausgehen, dass sie die Tätigkeit, die Sie ausüben, beherrschen?

LEMBKE

Eindeutig entschiedenes Nein. (Schild umklappen)

HANS

Könnte man dann behaupten, sie üben ihre Tätigkeit nur zum Schein aus?

LEMBKE

Ja.

HANS

Sind sie eine gesuchte Person?

LEMBKE

Ja.

HANS

Vielleicht ein Kriegsverbrecher?

LEMBKE

Ja.

HANS   Dann sind Sie Henry Kissinger.

LEMBKE

Nein.

MARIANNE

Sind Sie vielleicht tätig für einen großen Konzern, der im Dritten Reich eng mit Hitler kooperierte?

LEMBKE

Ja

MARIANNE und HANS untereinander:

Tja, das kann alles Mögliche sein: Krupp, Dresdner Bank. IG Farben. Genau: also BAYER, Hoechst, BASF, AGFA …

MARIANNE

Ich sag jetzt mal Deutsche Bank

Nein! – Daimler-Benz …

LEMBKE

Zu spät. Aber das ist ja dasselbe, gell? Die Chefs von Daimler waren immer Deutsche Bank.

MARIANNE

Dann kann ich also weitermachen? Sie sind Angestellter der Daimler-Benz AG. Dann arbeiten Sie also in Stuttgart-Untertürkheim?

LEMBKE

Nein. Tut mir leid. In Untertürkheim hat noch nie jemand gearbeitet.

HANS

Dann vielleicht in einer Auslandsfiliale und es ist eine Scheintätigkeit? Arbeiten Sie in Scheinatown?

LEMBKE

Nein.

MARIANNE

Dann vielleicht Argentinien?

LEMBKE

Ja, Marianne. Volltreffer!

MARIANNE

In einer deutsch-argentinischen Scheinfirma?

LEMBKE (zögerlich)

Jaaaaeeeiin. Eher nein.

HANS

Also eine offizielle Mercedes-Niederlassung, die aber Scheingeschäfte vornimmt?

LEMBKE

Ja.

HANS

Scheingeschäfte… ach so! Geldwäsche, im weitesten Sinne?

LEMBKE

Geradeaus: ja.

HANS

Sagnwaramal z.B. Reichsmark-Scheine in frische Deutsche Mark?

LEMBKE

Jawoll. Reichsmark, so nannte man das damals, ja.

HANS

Da wurden also Profite gewaschen, die Mercedes während des Krieges gemacht hat, aus Arisierungen oder Zwangsarbeit von 5000 KZ-Häftlingen?

LEMBKE (bedauernd)

Nein, es waren 200 mehr, Hans. Knapp daneben. Aber ihr verfahrt euch gerade

MARIANNE

Diese Geschichte, weiß unser Wirtschaftsminister Ludwig Erhard davon?

LEMBKE

Ja

MARIANNE

Hat er sie am Ende eingefädelt?

LEMBKE

So ist es.

MARIANNE

Dann sind Sie Uschi Glas?

LEMBKE

Nein. Ihr seid so nah dran, aber vergesst nicht, unser Stargast ist Angestellter der Daimler-Benz AG!

HANS

Aber nur zum Schein. Sind Sie am Ende ein übrig gebliebener Zwangsarbeiter?

LEMBKE

Nein. (lacht)

MARIANNE

Dann wurden sie vielleicht unter Zwang also zum Schein, oder, sagen wir, auf Empfehlung von ganz oben, durch den Vorstand, untergebracht?

LEMBKE

Ja

MARIANNE

Versteckt, sozusagen?

LEMBKE

Ganz nah.

MARIANNE

Dann gehören Sie also zu den 50.000 Nazis, die mit falschen Pässen nach Argentinien gebracht wurden – unter der Obhut des Vatikan?

LEMBKE

Die so genannte „Rattenlinie", das ist richtig.

MARIANNE

Wie viel „Schwein" haben wir noch?

LEMBKE

Eins.

MARIANNE

Puuh. „Stargast"...? Dann bin ich jetzt mal ganz mutig: Waren sie am Ende im Reichssicherheits-Hauptamt beschäftigt?

LEMBKE

Jaa.

MARIANNE

Im Referat IV D 4?

LEMBKE

Jaaaaaaa.

MARIANNE

Zentral verantwortlich für alle Deportationen in deutsche Konzentrationslager?

LEMBKE

Jaaaaaaaaaaaaaaaaaaaa.

MARIANNE

Dann sind sie Adolf Eichmann. (nimmt die Maske ab)

NICKDACKEL EICHMANN nickt

Kurze Freudenszenen.

ZUSPIELER Klatschen

Das 50-jährige Jubiläum hatte Rüdiger Lentz, damals tätig für die *Deutsche Welle* in Washington, auf den Plan gerufen. Er hatte eine fixe Idee, die er dann auch wirklich in die Tat umsetzte. Er holte das Ensemble in die Vereinigten Staaten.

Im April 2008 spielten wir auf Einladung des Goethe Institutes und der Deutschen Botschaft in Washington. Es gab erhellende Gespräche mit dem Botschafter über die Bedeutung Europas für den gemeinen Amerikaner (keine) und die Hintergründe der aktuellen Lehmann-Pleite (Casino-Mentalität der Banken).

Und wirklich schön, dass auch mein Sohn mitkommen durfte, wir kugelten im Sonnenuntergang über den Rasenabhang des Botschaftsgartens. Tage später gastierte das Ensemble auch im Goethe Institut in New York, in beiden Städten ließ ich es mir nicht nehmen, Salsa-Clubs aufzusuchen! Meine große Leidenschaft seit Jahren.

Ein grandiose Idee – wer immer sie hatte? – war es, zurück in Deutschland, die vier nahezu letzten Kabarettkollektive im Gesamtpaket an einem Abend reihum zu präsentieren. Dies betraf das *Kom(m)ödchen* in Düsseldorf, die Dresdner *Herkuleskeule* und die *Distel* in Berlin. Jeder war je einmal Gastgeber. Ich hatte noch ein Schlusslied komponiert, das wir dann am Ende gemeinsam ins Publikum schmetterten ...

Das letzte Programm in unserer Dreier-Besetzung mit dem Titel *Last Exit* entstand ebenso in Teamarbeit und kreiste um die selbstgemachte Klimakatastrophe. Ich spielte einen insgesamt desinteressierten Gott, der „in Gottes Namen" einen weiblichen Messias auf Erden ernannte. Sie hatte die Weltrettung in die Hand zu nehmen. Wir thematisierten u.a. die Skandale der Müllentsorgung in Italien, ein Riesengeschäft, das bis nach Deutschland reichte. Zum letzten Mal genossen wir die Regie von Michael Ehnert.

Da nicht alle Bühnen über „Offs" verfügten, in die man verschwinden konnte, wenn man längere Zeit nicht dran war, hatten wir von Anfang an selbst eine Rückwand dabei, hinter der wir verschwanden. Oft saß man dort viele Minuten wartend, bis eine Szene vorne durch war. Bei einer Szene spielte ich einen Liftboy im höchsten Wolkenkratzer von New York, in Gestalt eines Schimpansen auf zwei Beinen. Offenbar war ich hinter der Bühne zu schnell aufgestanden, ich erschien jedenfalls nicht auf mein Stichwort, fand mich aber, als ich aus der kurzen Ohnmacht erwachte, zur Hälfte auf der Bühne liegend. Zwei Stimmen sprachen mit mir und ich musste rasch eine Story erfinden, um glauben zu machen, auch dies sei inszeniert gewesen.

Sehr schön war auch ein Auftritt in der Orangerie in Hannover. In einer Halle neben der unseren feierte der damalige Bundespräsident Wulff eine Gala und ließ bei einer unserer dichtesten Szenen ein Feuerwerk abbrennen, das 10 Minuten dauerte.

All dies ist nichts gegen die Schlussszene unserer allerersten Premiere in den Hamburger Kammerspielen, die in einer großen Stille zu gipfeln hatte. Exakt in diesem denkwürdigen Moment begann ein Stock tiefer ein Alleinunterhalter mit seiner Orgel *New York, New York* zu spielen, um somit, leider allzu verfrüht, die Premierenfeier einzuleiten …

März 2010 spielte das Trio Kling-Wenke-Meineke seine letzte Vorstellung in der *Lach- und Schieß*. Als Abschiedsgeschenk gab es vom Team, das uns über die Jahre wie eine Familie ans Herz gewachsen war, je einen weißen Preisboxer-Bademantel mit *Lach-und-Schieß*-Aufdruck.

Eine Ära war zu Ende. Während Sonja Kling mit ihrem Mann nach Neuseeland ging und Thomas Wenke sich wieder dem Synchronsprechen widmete, blieb ich dem „Laden" treu und bekam zwei neue Kolleg*innen: Beatrix Doderer, die damals noch als Schauspielerin bei den Kammerspielen engagiert war und nach dem Tod ihres Mannes, Jörg Hube (seinerseits Kabarett-Urgestein und bekannt geworden durch seinen „Herzkasperl"), neue Perspektiven suchte. Als dritter im Bunde stieß dann Severin Groebner zum Ensemble. Der gebürtige Wiener und Wahl-Frankfurter hatte sich ebenfalls seit langem als selbst textender Solokabarettist etabliert.

Die Welt stand noch unter dem unmittelbaren Eindruck der Finanzkrise, die nach dem Platzen der US-Immobilienblase weltweit ganze Staaten in die Überschuldung stürzte. Mehrere Großbanken, die sich an den modernen, spekulativen Kapitalgeschäften verzockt hatten, standen vor dem Zusammenbruch und mussten mit Steuergeldern „gerettet" werden. So schrieben Groebner, „Grögg" Eggers und ich das Stück *Ohne Limit*, und natürlich spielte es in einem Casino, der Spielbank von „Bad Badleroibraun".

In Stuttgart waren indes regelmäßig Tausende als „Wut-Bürger" bezeichnete Demonstrant*innen auf der Straße, um gegen das Bahnhofs-Großprojekt *Stuttgart 21* zu protestieren. Auch so ein Poker mit viel zu hohem Einsatz. Um dem Rechnung zu tragen, schrieb ich folgenden Sketch:

Text 26
Bürgermeister

Abend. Würmling, der Gemeinde-Kämmerer von Zipfelswaihingen wartet vor der Spielbank auf seinen Chef, Bürgermeister Schwätzinger. Der taucht bald auf.

SCHWÄTZINGER

So Würmling, glei geht's in'd Spielbank. Heute schreibet wir Geschichte für die Gemeinde Zipfelswaihingen! Das sind wir unseren Wählern schuldig. Schließlich habe ich im Wahlkampf versprochen, das Minus in unserem Gemeindesäckel in ein sattes Plus zu verwandeln…

WÜRMLING

Plus plus, Herr Bürgermeister.

Auftritt smarte Consulterin Frau Chapeau von einer Anwaltskanzlei. Sie hat Umschläge dabei.

CHAPEAU

Herr Schwätzinger! Da sind Sie ja!

SCHWÄTZINGER

Liebe Frau Chapeau, ich darf Sie im Namen der Gemeinde…

CHAPEAU

Kommen wir gleich zur Sache. Ich muss gleich zu einem Regierungstermin… Das (Briefumschlag) ist für Sie, mein Honorar habe ich schon abgezogen.

SCHWÄTZINGER

Für die Wasserversorgung?

CHAPEAU

Für die Wasserversorgung. Dies hier ist das Geld für die Kommune.

SCHWÄTZINGER

Darf man fragen, wer der Investor…?

CHAPEAU

Nein, die Verträge sind streng vertraulich.

SCHWÄTZINGER

Selbstverständlich.

CHAPEAU

Die Kommune ist damit nicht mehr Alleineigentümer, unterliegt also nicht mehr dem Kostendeckungsprinzip.

WÜRMLING

Wie? Herr Schwätzinger!

SCHWÄTZINGER

Äh… Herr Würmling, mein Gemeindekämmerer.

CHAPEAU

Reizend, reizend.

Würmling, reicht seine Hand, sie ignoriert ihn.

SCHWÄTZINGER zu Würmling

Frau Chapeau von der Anwaltskanzlei Chapeau, Claque und Partners!

CHAPEAU

Gut, damit hätte sich das ja erledigt mit Ihrem Haushaltsdefizit. Und um die Wasserversorgung kümmert sich ja jetzt der Investor. Hier noch ein kleines Beraterhonorar.

SCHWÄTZINGER

Wen … äh … habe ich denn beraten?

CHAPEAU

Sich selbst. Die genaue Erklärung liegt bei. Auswendig lernen bitte. Na, dann viel Vergnügen beim Verspi… äh … investieren in der Spielbank. Ach und wenn sie schon da sind, melden Sie sich doch bitte in Floor 3 bei Herrn Beutelschneider vom Sparkassenverband …

SCHWÄTZINGER

Beutelschneider. Gern gern, sehr sehr gern!

CHAPEAU

Ach ja und die Visitenkarten vom Escortservice habe ich beigeheftet.

Schwätzinger fängt laut an zu husten.

WÜRMLING

Was was was? Escortservice??

SCHWÄTZINGER schwitzt

Ja, äähhhh, leicht bekleidete, äh, begleitende Maßdamen … äh Maßnahmen …

CHAPEAU

Ich muss jetzt wirklich los:

(schiebt die anderen von der Bühne)

Der Vortrag, dann noch Gutachten für fünf weitere Gemeinden, ein Fachaufsatz und der Regierungstermin warten. Wir treffen uns wieder. Aach, das geht alles viel zu langsam in diesem Land, Zackzack, Ei-gen-i-ni-tia-ti-ve! (geht ab)

Stunden später. Würmling steht noch immer draußen. Schwätzinger kehrt zurück. Sein Spielerpech steht ihm ins Gesicht geschrieben. Er windet sich.

WÜRMLING

Na? Herr Bürgermeister! Herr Bürgermeister! Haben wir gewonnen? Gewonnen?

SCHWÄTZINGER

Ja! (er läuft mit geöffneten Armen auf Würmling zu und lässt sie dann kurz davor fallen) Scheiße g'laufe – auf Deutsch g'sagt. Naja, a Reschtrisiko hascht immer. Aber da fällt mir grade ein: Wir sollten vielleicht die Gemeinde-bibliothek bis auf weiteres schließen.

WÜRMLING

Aber Herr Bürgermeister? ...

SCHWÄTZINGER

Ja: Die Koschten, Würmling, die Koschten!

CHAPEAU (ist zurück)

Herr Schwätzinger, da sind Sie ja! Waren Sie bei Herrn Beutelschneider? Gut. Die Sache mit dem Gewerbegebiet ...

WÜRMLING

Gewerbegebiet? Gewerbegebiet?

SCHWÄTZINGER

Ganz recht, Würmling. Zipfelswaihingen bekommt ein Gewerbegebiet!

CHAPEAU

Sie übertragen den gesamten Gebäudebestand in eine Gebäudemanagement GmbH, dann hat der Gemeinderat nicht mehr mitzureden, ist ja dann Betriebsgeheimnis, verstehen Sie? Na, müssen Sie nicht verstehen. Und wegen der überregionalen Bedeutung als Wirtschaftsstandort blabla brauchen Sie ja dann eine entsprechende Verkehrsanbindung ...

WÜRMLING

Was?

SCHWÄTZINGER

Verstehe, äh und wer finanziert das Ganze?

CHAPEAU

Läuft alles über Kredite. Sie wollen doch was machen aus ihrem Zipfelskirchen, oder?

WÜRMLING

Äh ... „waihingen! Waihingen!"

SCHWÄTZINGER

Waihingen! Waihingen!.

Chapeau gibt Schwätzinger eine bunte Broschüre.

CHAPEAU

Lesen Sie vor!

Schwätzinger setzt sich seine Lesebrille auf und liest.

„Kernstück der neuen Verkehrsanbindung ist die Umwandlung des Zipfelswaihingener Ortsbahnhofes in einen unterirdischen Durchgangsbahnhof." ??

CHAPEAU

Weiter!

SCHWÄTZINGER

„Die Strecke vom Feuerwehrhaus Bumsstetten bis zum Elektrogeschäft Mappus wird in 18

Tunnels verlegt, etwa ein Kilometer davon als Hochgeschwindigkeitsstrecke …

CHAPEAU

…bei der auf 350 kmh !!! (Freude) beschleunigt werden kann! Zeitersparnis?

SCHWÄTZINGER

„2 Minuten!" (schaut zu Chapeau auf) Respekt! „Das Projekt ist Teil der Transeuropäischen Magistrale 24 und liegt nur 400 km vom Anschluss-Stück Paris-Istanbul entfernt." – Des is ja a Katzensprung!

Würmling linst ins Papier

Der ganze Zipfelswaihinger Forst muss „abgetragen" werden?

SCHWÄTZINGER

Jaja! Und wird an anderer Stelle wieder aufgebaut!

CHAPEAU

Naturschutz. An seiner Stelle entsteht eine attraktive Wohnanlage für noch attraktivere Mieter.

WÜRMLING

Und die Einspruchsfristen? Einspruchsfristen?

Chapeau und Schwätzinger schauen auf die Uhr, sich an, zusammen:

CHAPEAU und SCHWÄTZINGER

Abgelaufen!

CHAPEAU

Im Aufsichtsrat der Baugesellschaft wird sich dann auch der ein oder andere Aufsichtsratsposten für Sie beide finden. (gibt beiden ein Kuvert und zwinkert) Kleines Beratungshonorar vorab. Neues Spiel, Neues Glück! Meine Herrn! (ab)

Würmling öffnet sein Kuvert

Boooah!

SCHWÄTZINGER

Ja, Würmling, das ist die hohe Politik!

Würmling windet sich noch, hat aber dann einen tollen Einfall:

WÜRMLING

Herr Bürgermeister, das Geld stecken wir aber jetzt in die Kindertagesstätte! Kindertagesstätte!

SCHWÄTZINGER

Ja Würmling, hahaha, Sie sind mir ja ein Hasardeur! Man kann doch net einfach so blind ruminveschtiere! (nimmt Würmling den Umschlag weg) So, g'nug g'schwätzt, jetzt wird gschafft! Haaah! Diesmal setz ich wieder auf schwarz …

WÜRMLING

Nein!!!

Nun, diese Trio-Konstellation hielt nur ein Spieljahr, denn so wie es aussah, waren die Fliehkräfte enorm: Meine beiden Kolleg*innen hatten neben dem Ensemble schon so viele fixe Engagements, dass für mich als Nur-*Lach-und Schießer* kaum Auftritte übrigblieben, zudem war es so, dass das Fernsehen, nicht wie in den Anfangszeiten, Programme der *Lach- und Schieß* mitschnitt, und also auch nicht sendete. Jeder kannte nur noch den Markennamen, die Personen, die da auftraten, kannte keiner. Es wurde Zeit für mich auszusteigen und mir als Person einen Namen zu machen.

Daran änderte sich auch nichts, als mir im Dezember 2010 Kay Lorentz das Angebot machte, Mitglied des *Kommö(d)chen*-Ensembles zu werden. Ich wäre wieder in einem Hamsterrad gewesen und wollte auch nicht wieder andauernd weg sein von meinem Sohn.

Kapitel 11
Erstes Soloprogramm:
und wir kamen aus dem wasser

Eines Tages, nach einer Vorstellung im Laden, saß ich alleine auf der Bühne, neben mir ein Glas Wasser. Ich betrachtete es und sinnierte: „Wie wäre es, ein Stück zu schreiben, wo das Nippen an einem Wasserglas nebenbei mitläuft, am Ende aber etwas Existentielles bekommt, weil das Wasser nicht mehr bis zum Schluss reicht?"

Je mehr ich darüber nachdachte, kam mir in den Sinn, dass wir uns über Jahrzehnte hinweg über diese und jene politischen Themen echauffierten. Was aber ist wirklich essentiell? Das Geld? Der Frieden? Die Parteien? Nein, es ist tatsächlich das Wasser und es würde immer wichtiger werden. Also begann ich zu schreiben, wohl wissend, dass das Thema keine Sau interessieren würde. Aber es war der absolut richtige Zeitpunkt. Im Nachhinein, nun mehr als zehn Jahre danach, geradezu prophetisch.

Ich begann ein Roadmovie zu schreiben. Ein Mann will ins Wasser gehen, weil er verzweifelt ist. Das Wasser aber weigert sich und spuckt ihn wieder aus. Er solle sich lieber um das Wasser kümmern, statt seine kleinen egoistischen Unwichtigkeiten zu betrauern.

Ein Stück über das Wasser. Natürlich!

Unser blauer Planet , dessen Ozeane unsere Menschheitsgeschichte bestimmt, wird achtlos zerstört. Nur 0,03% des Wassers sind trinkbar und die werden zunehmend verschmutzt.

Zur Melodie von *The way we were* (bekannt durch Gladys Knight) textete ich den folgenden Song:

Text 27
Lied Wohlstandsmüll

Wohlstandsmüll
Aus den Augen, aus dem Sinn
Alles geht den Bach hinunter
Und am Schluss ins Meer

Da sind Nitrate
Jeder Fluss wird mitgedüngt
Heavy Metal mit der Muttermilch
Und der Schwefel stinkt

Benzol, Phenol, Phänomenal
PVC-Phthalate in jedem Aal
Chlorid, Tenside, Formaldehyd
Weiß wer
das vorher?

Watergate
Jedes Klo, jede Fabrik
Verklappt die Scheiße in das Wasser
Und die Bombe tickt

Dein Schmuck aus Gold macht dich so schön
Es wird abgebaut mit Arsen
Und jede dritte Apotheken-Medizin
kommt aus Indien
Wo die Pharma-Zaren
Am Klärwerk sparen

Wellnessworld
Oben Yoga, unten Dreck
Ein Planet verkommt zur
Deponie
Ich will
Hier weg

Herdolor Lorenz in ihrem Film *Water makes money* dokumentierten. Mit den beiden verbinde mich eine inspirierende Freundschaft.

Ich sprach mit Leuten von *Greenpeace* in Rostock, hörte von der Überfischung der Meere, der Misshandlung der Meeresumwelt durch Grundschleppnetze, von Ölhavarien, Plänen zum Unterwasser-Bergbau von Manganknollen. Vom Unsinn der Lachs-Aquakulturen.

Ich traf mich mit den Gletscherforschern der Bayerischen Akademie der Wissenschaften, ein Erlebnis, das ich nie wieder vergessen werde. Ihr Forschungsgegenstand war schlicht am Verschwinden und nach einer Stunde intensiver Gespräche flossen Tränen bei erwachsenen Professoren. Also schrieb ich einen Sketch, bei dem ich auf meine Ostallgäuer Herkunft zurückgreifen konnte …

Bei meinen Recherchen klinkte ich mich bei der örtlichen Wasser AG von *attac*[6] ein, wo ich mich über den Kampf um Rekommunalisierung der Wasserversorgung in Berlin und Stuttgart informierte, auch über die verheerenden Folgen der Wasser-Privatisierung in Frankreich, die die beiden Hamburger Filmemacher*innen Leslie Franke und

Anmerkung

6 *attac* ist eine NGO, die sich für die Besteuerung von Finanztransaktionen einsetzt. Eine recht nützliche Idee, vor allem so gemeinnützig, dass dem gemeinnützigen Verein prompt die Gemeinnützigkeit aberkannt wurde.

Text 28
Gletscherführer

ECCO

Hah! Die Alpen. Und da: Die Zugspitze!

(Er schaut auf die Uhr)

Und nur 10 Minuten Verspätung!

Also … suchen wir uns einen Gletscherführer! Sehr gut, da ist einer!

Entschuldigen Sie, bei Ihnen kann man eine Gletscherführung machen, nicht wahr?

GLETSCHERFÜHRER (tiefes Allgäuerisch)

Madssedung tschach Horschinninn auf Zugspitz auf Ferenenn

ECCO

Bitte?

GLETSCHERFÜHRER lauter

Madssedung tschach Horschinninn auf Zugspitz auf Ferenenn

ECCO

Tut mir leid, ich …

GLETSCHERFÜHRER

Ah. Sig'sch da brauch'sch an Audiogait. (murmelt noch was und kramt herum)

Er holt pantomimisch ein Gerät mit Kopfhörer aus einer Tasche

Des isch a Audogait, musch oufsetz'na.

Ecco setzt sich den unsichtbaren Kopfhörer auf.

Verstehn Sie mich jetzt?

ECCO

Jajajaja, jetzt!

GLETSCHERFÜHRER

Gut. Gehen wir.

Gletscherführer hüpft hinauf wie Hasselhoff bei Baywatch, E schleppt sich aufwärts und atmet schwer.

ECCO

Geht das auch mal bergab?

GLETSCHERFÜHRER (hüpft stetig voran)

Schchallaluaaahuachchalluooo.

ECCO

Entschuldigung? (setzt Hörer auf) Jetzt?

GLETSCHERFÜHRER

Nein! (hüpft weiter und landet auf dem Gipfel) Hier oba!

E schleppt sich noch ein Stück, als er oben ist, hört man Wind.

GLETSCHERFÜHRER

Also: Gletscher sind die grösste Süßwasserspeicher der Welt … Des isch ganz einfach. Schnee. (klatscht eine Hand auf die andere)

Bleibt liega. Darf halt nit schmelzen im Sommer, gell? Muss halt schneie im Winter, gell? Kommt neuer Schnee. (klatsch) Immer drauf drauf drauf (…). Unten wird er platt, gell? Und ab am halben Meter Höhe läuft der Gletscher unten davo, verstosch?

E steht im Wind und nickt frierend „Mhm".

GLETSCHERFÜHRER

Also: Schnee. (klatscht eine Hand auf die andere) Bleibt liega. Darf halt nit schmelzen im Sommer, gell? Muss halt schneie im Winter, gell? Kommt neuer Schnee. (klatsch) Immer drauf drauf drauf …

ECCO

M-hm. M-hm m-hm m-hm …

GLETSCHERFÜHRER

Also: Schnee …

ECCO

Ja, ich hab's verstanden!!

GLETSCHERFÜHRER

Also die Gletscher von da drüba bis da na … Da isch arstamal da drüba dr Gepatschferner.

Dr Hintergurgler Schwarzkogelkees

Schwarzpatscher Fernauferner

Kogelgurgler Kees-Spatz-Fernpatscher

Dr Dr.Schwarzkopf Fusskees

Und der Hintere Mitesser-Schartl – Nagella-ckent Ferner

Danebe isch dr

Schnapfkogel Kopfspitz

Hochsteiner Spitzkogel Schafkopf

Steinalter Pichelsteiner Einkopf

und dazu a Langnese Eiskogel.

.Schließlich da na

Tschachener Achjoch

Achtschachener Achachjoch

Und das tschetschenische Achachojeojejoch

ECCO

Wo war noch mal der Hin-te-re Kogelgurgl

GLETSCHERFÜHRER

Dr Hintergurgler Schwarzkogelkees?

ECCO

J-jaaa?

GLETSCHERFÜHRER

Dr isch …? Dr war doch grad noch da? (dreht sich zu E) Der isch oifach zum merka: Der isch immer genau zwischa dem Schnapfkogel und dem …? Wo isch jetzt der Kopfspitz bliebe?

ECCO

Ach lassen Sie mal. Ähm … Ist das der berühmte Schneeferner-Gletscher?

GLETSCHERFÜHRER

Ja, das werden immer mehr! Früher gab es hier nur ein oinzigen. Dann isch der zerbröselt, jetzt gibt es eben den östlichen Schneeferner… (zeigt dahin) Nein den gibt es… nicht… mehr… den südlichen… also Reschte… und den nördlichen, dort.

ECCO

Ah, jetzt seh ich ihn, da drüben. Herrlich, bizarr diese Rillen, ist das Firn?

GLETSCHERFÜHRER

Das isch Plastik, Plastikplanen, der Gletscher isch darunter, also für die Schifahrer, gell, da… (er hebt zur Demonstration eine Plane an und findet nichts) … Moment, dr isch grad ned da, der isch vielleicht was trinkna in der Gletscherbar?

ECCO

In der Gletscherbar?

GLETSCHERFÜHRER

Ja, da drüba kasch was trinkna…ja Harrgott, isch des Restaurant nimmer da? Na wurscht. Also dann krieg i jetzt 40 Euro, dann isch gut.

ECCO

Ja, natürlich. (kramt in der Hosentasche) Verrückt! Da war'n doch immer 40 Euro?

GLETSCHERFÜHRER

Na is wurscht. I bin ja au nimmer da. Ploppgeräusch

ECCO

Er ist weg?!!!

Damals besuchte ich auch Dieter Hildebrandt in München-Perlach. Ich war höllisch
gespannt auf sein Zuhause. Sein Arbeitsbe-
reich befand sich quasi im Dachgeschoss,
erreichbar über eine denkbar schmale und
steile Treppe. Sein größtes Problem, meinte
er, sei, dass sich jene Brillen, die er am nötigs-
ten bräuchte, immer im falschen Stockwerk
befänden. Eine Phalanx von Aktenordnern

zog sich über die Regale, wo er u.a. die Zita-
te von Politiker*innen archivierte. Er wusste
stets, wer wann was gesagt hatte, wer welches Versprechen nicht eingehalten hatte.
Wir sprachen wohl zwei Stunden über dies
und das, er bestärkte mich darin, das Wasserprogramm zu machen, schließlich waren
wir beide frischgebackene Klimabotschafter
des BUND geworden. Am Ende schenkte er

mir ein Buch, das, wie er mir gestand, dazu beigetragen hatte, dass er Kabarettist wurde – *Die zehnte Muse*, eine Sammlung von Brettl-Texten von Maximilian Bern.

Die *Lach- und Schieß*-Leitung wusste Bescheid über meine Solo-Pläne und es hieß, „Kommst in unsere Agentur, wir bauen dich auf!" In der Tat wies man mir eine Mitarbeiterin zu.

Ich hatte diesmal meine Regie selbst gemacht und inszenierte die 11 Rollen, die ich dabei zu spielen hatte. Die Requisiten passten in einen Rucksack.

Meine Theaterfigur endet im Übrigen im Mittelmeer und landet als Schiffbrüchiger in letzter Sekunde in Lampedusa an. Das Mittelmeer, einst ein Kulturraum, jetzt ein Ort der Schande. Das hochentwickelte Europa, das noch aus dem Weltraum eine Schraube orten kann, lässt es zu, dass hier zigtausende von Bootsflüchtlingen ertranken und weiter ertrinken.

Ich schmetterte in klassischem Stimmduktus Mozarts Arie des „Vogelfängers" aus der Oper *Die Zauberflöte* – allerdings mit verändertem Text

Text 29
Menschenschlepper

Der Menschenschlepper bin ich ja,
Stets lustig heissahhh hopsasa!
Ich Menschenschlepper bin bekannt
bei Alt und Jung im ganzen Land.

(Orchester Reprise)

Man winkt mir schon vom Hafen her
Ich bringe frische Sklaven her.
(Ritardando, Reprise mit Panflöte)
Die Überfahrt vorab kassiert
Egal, was dann mit euch passiert.

(Panflöte)

Der Menschenschlepper bin ich ja,
Stets lustig heissahhh hopsasa!
Wir sammeln Eure Pässe ein
Asyl, Asyl! Hört man euch schrei'n.

(Orchester Reprise)

Das macht dem braven Bürger Angst
der seinerseits um seinen Job sich bangst.

(Ritardando, Reprise mit Panflöte)

Und wie die Boote sinkt der Lohn allhier
Am unt'ren Ende zappelt ihr.

Als der Protagonist verzweifelt Asyl beantragt, muss er sich einem peinlichen Verhör stellen:

Text 30
Grenz-Verhör

Ein schwäbisch sprechender Grenzbeamter führt ein erstes Verhör

GRENZBEAMTER
So, Sie wollen also Asyl beantragen? Ich sehe schon: Sie haben es auf das 9-Euro-Ticket abgesehen, stimmt's? Oder hab ich recht? Kleiner Scherz ...

So, also mir hend da einen Gesprächsleitfaden, des sind 3724 Fragen. Sie dienen lädiglich zur Erforschung des Wahrheitsgehaltes ihrer Bekenntniserklärung. Ich darf Sie aufmerksam machen, dass eine falsche Antwort auch nach 50 Jahren falsch isch und insofern Sie als Einwanderungsbewerber auch nach 50 Jahren noch deportiert werden würden-berg.

ECCO
Nein, nein, ich kann alles, außer hochdeutsch!

GRENZBEAMTER
Also gangs los: Stellet Sie sich vor, Ihre volljährige Tochter isch zum Islam konvertiert und weigert sich am Schwimmunterricht teilzunähmen: Nennen Sie einen Fluss, der durch die holsteinische Schweiz fließt!

ECCO (überlegt)
Da muss ich leider passen. Ich ... ich nehme den Telefon-Joker.

GRENZBEAMTER
Und? Wer isch dann am Apparat?

ECCO
Äh, meine Schwester.

Grenzbeamter nimmt ein Telefon.

GRENZBEAMTER
Dudit Dudit Dutt – Duuuuht – Drrrrt.

SCHWESTER
Hallo?

GRENZBEAMTER
Hier Fontex-Außeposchten. Sie sind die Frau?

SCHWESTER
Meineke.

GRENZBEAMTER
Ah, die werte Frau Meineke. Ihr Bruder steht jetzt bei 64.000 Euro. Sind Sie bereit?

SCHWESTER
Ja.

ECCO
Hallo Marion? Pass auf: Fluss in der holsteinischen Schweiz ... Ist das A: ...

SCHWESTER

Das ist die Kossau!

ECCO

Bist du absolut sicher?

SCHWESTER

Absolut.

ECCO

Die Kossau.

GRENZBEAMTER

Des isch leider ... richtig. Dann stell ich jetzt die 125 000 Euro-Frage: Ein NSU-Karikaturist aus Zwickau hat Mohammed als Ferkel gezeichnet und will der Großmutter eines Arabers Fotos verkaufet, wo er brennende Flüchtlingsheime mit Hakenkreuzle verziert hat, aber nur, wenn sie sich dafür nackig auszieht und den Koran verbrennt. Halten Sie dies für einen sinnvollen Integrationsansatz?

ECCO

Also würd ich jetzt mal sagen: Nein.

GRENZBEAMTER

Das ischt leider falsch. Denn in unserer Leitkultur hat der Humor einen ganz großen Stellenwert! Damit isch der Einbürgerungstescht net bestande. Wir müsset Sie leider zurückschicke.

ECCO

Zurück? Wohin denn „zurück"?

GRENZBEAMTER

Erschtmal Tunäääsien.

ECCO

Tunäääsien? Da gibt es ja überhaupt kein Rechtssystem mehr! Das ist ja eher eine Diktatur!

GRENZBEAMTER

Ebe drum.

Im Januar 2010 hatte ich im „Laden" Premiere mit meinem Stück *und wir kamen aus dem wasser*. Es wurde ein sehr bewegender Abend. Wann immer ich das Stück zur Aufführung brachte, weckte es starke Emotionen, denn wir alle nutzen das Wasser eher achtlos, man hält es für selbstverständlich, dass es einfach da ist.

Noch spielte ich die Ensemble-Spielzeit zu Ende, das Lach- und Schieß-Büro wollte sich um Auftritte für mich kümmern, vielleicht lag es am spröden Thema, aber es ergab sich kein einziger Auftritt. Also musste ich in Windeseile selbst ein Booking aufbauen. Mit großem Einsatz gelang das auch.

Ich wollte überdies nicht nur in den üblichen Bühnen spielen, sondern auch an ungewöhnlichen Plätzen: So spielte ich für Bayerische Wasserwerker, auf Umwelttagen, für die Wasserallianz Augsburg oder in der Heiliggeistkirche in Heidelberg.

Jetzt zehn Jahre später ist das Thema in aller Munde: Seen und Flüsse trocknen aus, Plastikpartikel verstopfen die Meere, Korallenbleiche, schmelzende Eismassen – alles bereits 2010 auf der Bühne thematisiert!

Ich wünschte, ich könnte das Stück öfter spielen, erst im August 2022 hatte ich es aktualisiert.

Kapitel 12
Zweites Soloprogramm: *Fake!*

Damals allerdings legte ich sehr schnell ein zweites Soloprogramm nach und nannte es *Fake!*. Darin gab ich zur Abwechslung dem „Affen Zucker". Deutlich mehr Conference, mehr Tagespolitik, immer in Hinblick auf das übergeordnete Thema „Fake", das im Rückblick auf die noch anwachsende Gerüchteküche geradezu prophetisch war: Die

Sehnsucht der Gesellschaft nach Fake-Berühmtheit, nach dem goldenen Schein. Das Verdrängen von Problemen und der Wunsch nach Glanz und Glitter. Die Erfindung von Sündenböcken.

Es macht uns selbst Angst, dass wir keine Gewissheiten mehr haben: Gingen nicht Schrott-Immobilien wie selbstverständlich über die Ladentheke? Wurde nicht die Weltwährung von völlig unseriösen Spekulanten an den Rand des Kollaps gebracht?

Auch bei Doktorarbeiten wurden offenbar gerne getrickst: Verteidigungsminister Karl-Theodor zu Guttenberg musste zurücktreten, nachdem sich herausstellte, dass er sich seinen Doktortitel durch schlichtes Plagiieren erschlichen hatte, Schönheitsoperationen und Botox erlebten einen Boom ... Wer hätte damals gedacht, dass sich ein billiger Poser wie Donald Trump auf der Welle von Fake einstmals zum Präsidenten der USA würde hochmogeln können?

Ich schrieb mir jedenfalls die Rolle eines Hochstaplers auf den Leib, eines Möchtegern-Promis und Dampfplauderers, in feinem Smoking, der weiß, worauf es in der modernen Gesellschaft ankommt: auf die Fassade! Während der Vorstellung telefonierte ich mit Brad Pitt, gab vor, mit Prinz William und George Clooney persönlich befreundet zu sein.

Auf dem Plakat von *Fake!* war ich mit einem Oscar zu sehen und versah es mit Preisen, die das Programm angeblich bereits abgesahnt habe: „Grimmel-Preisträger 2010, Deutsches Kabarettbeil 2011", im Presseinfo vermerkte ich, ich sei schon bei „Gottschalls Wetten daff" aufgetreten! Oft wurde ich darauf angesprochen, weil viele nicht genau genug hinsahen!

Im Mai 2011 feierte ich Premiere. Zwei Monate zuvor erschütterte die Nuklearkatastrophe in Fukushima die Welt und führte letztlich zum Atomausstieg, zumindest in Deutschland. Zumindest für zehn Jahre. Heute fantasieren ja Union und Liberale wieder die Ungefährlichkeit dieser Technik herbei, um Atommüll zu produzieren , dessen Verbleib wohl auch in 10.000 Jahren noch nicht gesichert ist. Für mich war es unausweichlich, die Fake-Beschwichtigungen des verantwortlichen TEPCO-Konzernes sofort auf der Bühne zu kommentieren:

Text 31
Fukushima

März 2011! In Fukushima geht es drunter und drüber. Das Wasser kocht in den Reaktorblöcken, die Brennstäbe ziehen schon blank und strecken uns ihre nackten Finger entgegen. (Horrormusik)

„Ich schmelze gleich! Ich schmelze gleich!"

Gottlob sind durch diverse andere Explosionen auch die anderen Blöcke soweit durchlöchert, dass man das Wasser einfach so von oben reingießen kann. Gibt ja keinen Strom!

(1. Rufer:) „Haben wir noch irgendwo Wasserwerfer?!"

(Antwortender Rufer:) „Schau doch mal in Stuttgart, im Schlosspark!"

(1.Rufer:) „Vergiss es!"

Und ein Mann wächst uns besonders ans Herz, Yukio Edano, der Regierungssprecher mit seinem blauen Hausmeister-Jäckchen...

(Ecco macht ihn nach)

Der japanische Hiob, dufter Job!

(Ecco macht ihn nach)

Ich dachte mir zuerst: Das ist doch der junge Mao?! Der ist doch bekifft?

(Ecco macht ihn nochmal nach)

Natürlich ist er das! – Versetzen Sie sich mal in die Lage dieses Mannes: Er weiß genau, (Augen weit geöffnet, ansonsten starr)

„Okay... Hier sind 35 Millionen Leute in Tokio, die können wir nicht evakuieren, die schauen jetzt aber alle zu. Du musst Ihnen etwas sagen, Yukio!"

Ja, da zieh ich mir auch ne blaue Jacke und bau mir erstmal einen.

(kifft und verbeugt sich)

Und es wurde Abend und es wurde Morgen: Der sechste Tag.
Und Merkel sprach das Wort und zog die die Reißleine.

(Leineziehen, Geräusch)

„Ave Angela, Moratorium te salutant!"

Von einem Tag auf den anderen Tag, vor den Landtagswaaaaaaahlen, werden die sieben ältesten Meiler hinter den sieben ältesten Bergen... abgeschaltet!

(Ecco macht EKG-Piepstöne, dann einen monotonen Herzstillstand-Ton)

Und aus ihren noch glühenden Leibern erheben sich elfengleich Reststrommengen. Sie schweben hinüber zu den noch laufenden Reaktoren und am Leichenbett von Krümmel er-

scheint Großmann von der RWE. Er hält seinen Kopf unterm Arm und greint: „Du hast es uns versprochen, Angela! Du hast es uns versprochen? Wir kommen wiiiieder und holen uns das Geeeeld!"

(dabei hält E die Hand wie ein buckliger Bettler nach vorne)

Zehn Tage vor dem Erdbeben hat die TEPCO, die das alles zu verantworten hatte, der sechstgrößte Stromkonzern der Welt übri-

gens, an die staatliche Aufsicht geschrieben. Ein Geständnis. Man habe die Wartungsberichte gefälscht, *Fake*! Der Stromverteiler für die Temperaturkontrolle sei 11 Jahre nicht gewartet worden ...

„Wieso?" Wird sich die Aufsicht gedacht haben, es ist doch gewartet worden. Wir haben gewartet und gewartet und gewartet.

Tja, zu lange.

(Yukio kifft)

Für dieses Programm fand ich eine Agentur, mit der sich die Solokarriere zunächst gut anließ. Ich spielte im Düsseldorfer *Kom(m) ödchen*, im Hamburger Politbüro, im Mainzer Unterhaus, wo ich eine Kritik bekam, die mich sprachlos glücklich machte:

„Kluge Deutsche – gern auch mit Migrationshintergrund – sollten sich Ecco Meineke anschauen. Der gehört nämlich nicht nur mit der Münchner Lach- und Schießgesellschaft in die erste Riege der Kabarettisten, auch solo gebührt ihm dort ein Ehrenplatz", schrieb die *Mainzer Rhein-Zeitung*.

Erstmals (und dann nie wieder) trat ich bei *Live im Schlachthof* auf – damals noch als Gast von Ottfried Fischer. Ich zeigte die Nummer eines bayerischen Bademeisters, der in seinem Schwimmbereich völlig neue EU-Richtlinien für die Rettung Ertrinkender umsetzen sollte:

Text 32
Rettungsschwimmerreform

Bademeister mit Badekappe hält eine Rede vor Auszubildenden

Liebeeee…? (muss vom Zettel ablesen) Traineeee-rinnen und Trainer, ihr wisst's es selber… Wer mi kennt, woaß, dass i die Zunge aufm Herz'n trog, sog i jetzt moi. Und deswegn red i ned lang rum, sondern geh glei in redias mes!

(Zettel)

Die Welt ist im Umbruch. Das geht natürlich auch nicht an unserem „Dachverband der Ausbildungsberufe Bademeister Rettungsschwimmer" … äh nicht vorbei.

Liebe Freunde! I sags, wia's is!

Die neuen Richling…Richling…Richt-linien sind am Freitag eingetroffen und mir san de umgehend intensiv durchganga, i hob des mitm Harald scho besprochen und es is so, liebe Freunde! Dass sich bei der Ausbildung zur Rettung Ertrinkender einige Eckpunkte geändert hamman. Des guit ab sofort im gesamten … Schwimmbereich.

Bisher hat der Ding, der Bademeister, wenn oaner jetzt zum Beispui im Wasser per Handzeichen Ertrinken anzeigt.

(zeigt auf einen Mann im Publikum)

Mach amoi a Handzeichen!

So ... dann ist der Ding einigsprunga (tut's) und hodn (zerrt an dem Mann rum) mithilfe seiner Qualifikation ... aussa do.

(zurück zur Bühne, im Reitersitz auf Barhocker)

Der ... neue ... Auftrag (sucht Zettel) is der, dass der Bademann, also da Retter ... Meister ... drauss'n bleibt. Und zunächst aus da Entfernung versucht festzumstellen, ob es sich bei dem Zu-Ertrinkenden, sag i jetzt moi, evendell um ein Nicht-EU-Mitglied handelt.

Da wer'n oiso in dem Leitfaden einige Klimakterien angeführt, wia ma des erkennen kannt, oiso wenn (macht große Ballonzeichen) a Frau, sag i jetzt moi, keine vorschriftsmäßige Badekappn trägt, sondern – an Schleier. Oder bei am Mo entsprechempt Turban. Oder Bart. Dann ...

Draussn bleiben!!

Jetzt „Verhaltensweise Notsitiuation"! Wenn jetzt er (zeigt wieder auf den Mann), steh amoi auf, also da Nicht-EU, nicht-EU-ige Mann, wenn jetzt der bsunders laut schreit ...

(zum Mann im Publikum)

Schrei amoi ... ja gscheit ... Hilfe! Hilfe! – super kannst di wieder hucka!

Dann ist angeraten, hinwiederumadum die oide Ausbildungssituation durch zum führen, oiso...neispringa und retten hoit.

Wobei hingegen *jetzt* die neue Regelung besagt, dass ma, geh ma moi davon aus, du hast den jetzt gerettebbt ... dass der Tauchling trotz Rettung irgendwie nicht den Beckenrand erreichen darf.

Und was das jetzt im Einzelfall bedeutet, liebe Freunde ...

(er sucht lange nach Worten, schüttelt den Kopf, wirft die Hände hoch und lässt sie wieder fallen)

... woaß i aa ned. Pfiat's Eich!

2013 gewann ich den *Fränkischen Kabarett-preis*.

Eine Nummer widmete ich dem bodenlosen Buch eines Schwurblers der ersten Stunde: Thilo Sarrazin. Ein ehemaliger Bundesbanker, damals mit SPD-Parteibuch, der sich darüber beklagte, dass man in Deutschland so vieles nicht mehr sagen dürfe, was er selbst freilich millionenfach unter die Leute brachte. Etwa das rassistische Narrativ, dass es eine ethnisch bedingte, vererbte Intelligenz gäbe, weshalb die wohlhabenden deutschen Klugen mehr gebären müssten und die nicht-deutsche Unterschicht weniger, weil ja türkisch-stämmige Menschen generell dümmer seien. Biologie statt Bildungs-Chancen, widerwärtig!

Ich trat nach der Pause mit einem angeklebten Schnurrbart auf, ging mit einer Rose ins Publikum und sang zu den süßlichen Klängen eines Arabesque-Schlagers ein Lied komplett auf türkisch, verführerisch lächelnd. Auf den Tischen hatte ich in der Pause die Übersetzung des Liedes verteilen lassen, eine bitterböse Abrechnung mit Sarrazin. Als ich im Bonner *Pantheon* damit auftrat, saß in meiner Nähe eine türkischsprachige ältere Dame, die sich als Zugabe noch einmal dieses Lied wünschte. Dem kam ich natürlich nach und wir tanzten dazu gemeinsam.

Kapitel 13
Ein Song mit Bigband

Apropos Musik! 2012 hatte ich mit meinem *Ecco DiLorenzo Jazzquartett* mein Debüt-Album veröffentlicht. Kurze Zeit später gründeten Dieter Hildebrandt, Dieter und Stefan Hanitzsch ein satirisches Internetportal namens *stoersender.tv*. Als der Sender 2013 erstmals auf Sendung ging, waren Konstantin Wecker, Sigi Zimmerschied und mein alter Kabarett-Freund Butzko mit von der Partie. Und ich mit einem Musikclip und das kam so:

Im Mai 2012 feierte Hildebrandt seinen 85. Geburtstag in der *Lach- und Schieß*, ich gab a-capella *Smile* von Charlie Chaplin zum Besten. Hildebrandt als Jazzfan schwärmte von den Zeiten, als noch das Hugo Strasser-Orchester so manche ihrer TV-Sendungen begleitete. Ich hatte für mein neues Programm den Jazzstandard *Mack the knife* umgedichtet und mich von einem Bigband-Playback begleiten lassen.

Hildebrandt meinte, ich solle das doch mit 'ner richtigen Bigband machen und so traf ich mich mit meinem Musiker-Kollegen, dem Saxofonisten Axel Kühn. Der hatte jüngst seine *Jazz Big Band Association* gegründet. Unter anderem mit Musikern der Bigbands von SWR, HR und WDR. Im Mastermix-Studio nahmen wir die *Ballade vom Steuerflüchtling* auf.

Text 33
Ballade vom Steuerflüchtling

(frei nach „Mackie Messer")

1
Harry Hedgefond,
Der macht Wetten
Und die klappen oder nicht.
Doch das Geld steht nur auf Zetteln
Und die Zettel sieht man nicht.

2
Denn die flattern
Durch die Netze
In Oasen still und stumm
Ohne Regeln und Gesetze
Und kein Prüfer sieht sich um.

3
Da ist Graham Geldanleger
Weiß nicht wohin
Mit seinem Kies.
Doch der liegt nur wenig später
Im nächsten Steuerparadies.

4
Und die Staaten sind verschuldet
Und sie sparen sich grün und blau,
Alles schweigend wird erduldet
Und belangt wird keine Sau!

5
Auf freiem Fuß bleibt
Bobby Banker, Mike Minister, Dax Index
Armani Anwalt und Rocky Rating
Und weiter wandern Chips und Schecks.

6
Und was glaubst du?
Paul Parteimann?
Blickt der durch hier? Oder nicht?
Glaubst du, der ist völlig frei, Mann?
Oder nur ein kleiner Wicht?

7
Und da ist das Heer der Zahler,
deren Arbeit nicht mehr lohnt.
Werdet endlich radikaler!
Und schießt sie alle
auf den Mond!

Kapitel 14
Drittes Soloprogramm:
Liberté, Egalité, Humbatäterä-Tätä!

Das Vertrauen in Parteien, Politik, auch in die Wirtschaft war mit den Jahren so erodiert, dass die Zahl der Nichtwähler stieg. Wählen können, ein Luxus, um den man in anderen Länder noch kämpfen muss.

Der „Arabische Frühling" hatte inzwischen das Aufkommen völlig neuer basisdemokratischer Kräfte auch im Westen inspiriert: Occupy Wall Street, Podemos, Syriza, Nuit Debout u.v.a stellten eine nicht uninteressante Frage: Was ist Demokratie?

2013 war die Premiere von *Liberté! Égalité! Humbatäterä-Tätä!*. Ich hatte mich für mein drittes Solo-Programm entschlossen, die Geschichte der Demokratie zu erzählen.

Und die begann ja der Legende nach in Griechenland, das gerade als Pleite-Staat durch die Presse gejagt wurde. Man meinte, es sei eine Troika nötig, um den niederspekulierten Euro zu retten, ein Finanzminister Schäuble schwang sich zum Oberlehrer auf und Athen wurde förmlich per Fernbedienung vom EU-Finanzregime regiert. Niemand kam auf die Idee, sich zu erinnern,

wie das Hitler-Regime einst das Land aus-
geplündert und misshandelt hat. Also stellte
ich das gleich mal am Anfang klar.

Als Figur wählte ich den zornigen Greis
Robert Gehlenkirch, den ich bei fast allen
Programmen einbaue. Ein mit seinem Ge-
biss hadernder 90-jähriger Mann, der die
Dinge trotz seines hohen Alters mit großer
Klarsicht gerade rückt:

Text 34
Griechenland

Sie, Sie sind ja noch jung!
Aber ich weiß noch, wie das damals war,
im Oktober 1940, als wir Deutsche
mit unseren Vorschlägen kamen –
in Begleitung der deutschen Wehrmacht.

Da sind wir da rein, nicht?
Und haben wieder mal „Neuland betreten".
Und haben alles rausgeholt,
die gesamte Produktion, was es auch sei!

Bergbau: Chrom, Bauxit, Mineralöl.
Die Häfen und Flughäfen in deutscher Hand.
Warum kommt mir das so bekannt vor?

Baumwolle, Tabak, Seide, Silbergeld –
Tonnenweise.
Tag und Nacht war die Deutschen Reichsbahn
unterwegs –
Damals noch pünktlich!
Alles mustergültig organisiert von der deut-
schen Wirtschaft.

Ganze Rinderherden in Güterzügen.
Und die Bevölkerung hatte nichts mehr zu
fressen.
Und ist verhungert.
300.000 Griechen: verhungert.
Wer weiß das noch?

Die griechische Nationalbank wurde gezwungen, Hitler eine halbe Milliarde Reichsmark zu
leihen –
zinslos.

Pleite-Griechen?
Entschädigen Sie bitte!

Konrad Adenauer haben wir es zu verdanken,
dass wir für diese Schande mit jämmerlichen
115 Mio Mark für die Opfer davon gekommen sind.

Auf dem Rücken dieser Länder sind wir wieder groß geworden!

Stattdessen kommt dieses Käseblatt daher,
die BILD-Zeitung, diese Schmier-Gazette
für Reihenhaus-Rassisten und entblödet sich
nicht zu verkünden:
„Unsere Geduld mit Griechenland" sei am
Ende!

Die Schreibtisch-Täter von der Troika
führen sich in Athen auf wie Lord Kacke,
schnüffeln in jeden Bettkasten hinein,
als wären sie die Nachhut von Ribbendrop
und wie zum Hohn schicken wir
unseren Bundes-Betroffenheits-Protestanten
Gauck
als Trauer-Darsteller auf Tournee
durch die Stätten des Wehrmachtsterrors,
wo er sein ohnehin verknittertes Gesicht
bis zur Unkenntlichkeit verknittern muss.

Zeus war ganz schlecht beraten,
als er sich mit Europa eingelassen hat.

Ich berichtete über die ersten demokratischen Ideen in Island, England, Amerika bis zur Französischen Revolution, der ich auch die Idee zu meinem Plakat zu verdanken habe!

Der französische Maler Eugène Delacroix, der bis zuletzt auf dem 100 Francs-Schein zu entdecken war, schuf 1830 das Bild *Die Freiheit führt das Volk* („La Liberté guidant le peuple"), ein legendäres Abbild der Julirevolution mit der die Tricolore-Fahne schwenkenden Marianne. Stößt man im Louvre auf dieses monumentale Gemälde, wird man schlicht weggepustet von seiner Kraft.

Ich machte mir den Spaß, das Bild detailgetreu nachzubilden aus lauter Ecco-Figuren. Mein Traum wäre es, das als Poster in Museumshops verkaufen zu können.

Unvergesslich für mich war übrigens ein Auftritt in Mainz. Ein Journalist hatte mir einen Schlagzeilen-Verriss geschrieben, im Artikel selbst viel Lobenswertes. Am nächsten Tag schrieb er mir eine Mail, das Programm habe ihm gefallen, aber er schreibe nun mal für eine „konservative" Zeitung, also musste er mich verreißen. Ist das nicht tragisch? Ich verging fast vor Mitleid mit ihm.

Bekanntermaßen lockt Profit dort, wo es Abhängigkeiten gibt, und wer möchte bestreiten, dass Züge und Trambahnen Schienen brauchen? Diese Abhängigkeit machte sich seit den 1950er Jahren ein Kartell um Thyssen und Voestalpine zunutze, das 2011 aufflog.

Wie das erzählen? Natürlich musikalisch. In diesem Fall wählte ich für eine Parodie einen Song von Wolfgang Ambros (der mir später noch einmal auf wundersame Weise begegnen sollte)

Hier also für alle zum Mitsingen! Zur Melodie von „Schifoahrn":

Text 35
Lied Schienenfoahrn

1

In München hams a neia – Straßenbahn
Vum Effnerplotz na Saunkt – Emmeram
Kaaner waas, wann er da drin huckt und
foahrt
Wos a Draam as Drambahnfoahrn is
für mein Ressort

2

I verkauf für Thyssen und die Voestalpin'
Jede Weiche im Land und jede g'schissne
Schien'

Der Kunde vom Stadtwerk blecht für jedes
Gleis
An scheißhohen Preis, von dem nur's Kartell
wos weiß

s muss halt jeda auf

Schiiienen foahrn – auf:
Schiiienen foahrn , wowowow
Schiiienen foahrn
Auf Schiiien' foahrn is' des Deierste,
wos ma si nur vurstöll'n ko

3

Und wann ana frogt: „Hätt's de nöd bülliger
gebn?"
Na sogt er: „De andan war'n no teira gwen"
Und des stimmt hoargenau, mir ham's ja eh
so draaht
Dass a jeda was abkriegt, wei am Ende, da
blecht ja die Stadt

B-Part
Und wamma olle unterschrieben ham
Dann kumman Taxis, denn wer foahrt scho
Tram?
Da Schampus woat scho im Bordell
Es lebe die Gleitcreme und das Schienen-
Kartell
denn jeda braucht

Schiiienen foahrn
Schiiienen foahrn
Schiiienen foahrn
Auf Schienen foahrn is' des Deierste, wos ma
si nur vurstöll'n ko

Nicht selten wird dort, wo Steuerhinterziehung aufgedeckt wird, mit psychiatrischen Gutachten gegengesteuert. Bei der Flick-Affäre erwischte es Steuerbeamte, in der Familie Mollath aus Nürnberg erwischte es den bis dato unbescholtenen Ehemann Gustl, der misstrauisch geworden war, weil die Ehefrau in ein komplexes System der Schwarzgeldverschiebung verwickelt war.

Und ebenso komplex war dann auch der fragwürdige Mechanismus aus Ehe-Irrtum, Spezlwirtschaft, falschen Gutachten und Rechtsverdrehungen, der dazu führte, dass Mollath, dem man ein „paranoides Gedankensystem" attestierte, für sieben Jahre in der Psychiatrie verschwand.

Auf der Bühne erzählte ich 2013 die ganze Geschichte in Form einer Koch-Show:

Text 36
Der Mollath-Datschi

Ecco mit Kochmütze

Dialekt: breites Schwäbisch

Großmutters Rezepte sind die beschtte, des wois ma oifach. Ansonschte zählt natürlich's Gschmäckle und dass dr Verdauungstrakt net zrisse werd, gell? Auf deutsch gsagt!

So, des Gricht, dass i glei erklär, isch wohl as älteschte dr Welt: „Nürnbergr Schwarzgeldwurzel" oder au oifach „Mollat-Datschi"

S'isch ein Gericht, das bsonders, – dr Name sagts ja au – in Franken zubereitet wird.

Grundlage isch a herzhaftr schwarzr Soße-Fond!

Dazu brauchsch mindeschtens 19 gut betuchte Anleger mit entsprechend überflüssige Flinz. (macht das Geld-Zeichen) Und des wird älläs in, ja am beschte, in a alde ranzige HVB-Töpfle a-gröschtet.

HVB-Töpfle kenne vielleicht noch d' Ältere, HVB = Hypo Vereinsbank ...

Heute isch des ja älles Unicredit-beschichtet. Da isch des HRE scho ausgleitet, des hen dr Steinbrück damals durchgsetzt. Des war grad no rechtzeitig damals und a rechte Schweinerei ...

Aber ...

Mir nähme den alde HVB-Topf und gäbe erschtmal gänz gänz viel, an gänza Haufa Schwarzgeld nei!

Glei ontn kräftig Feuer gmacht und jetzt hoissts dabeibleiba und net trödle! Weil des

Schwarzgeld, des woiss ma ja, des brennt gänz schnell a! Also glei gut verrühre – am beschte mit oim vollautomatische Rotarier-Stab!

Und dann brauch ma au glei des Mollath. Am beschte isch a frühreife Mollath, weil die sorgt für den beschte Transport von däm Schwarzgeld durch die Bank-Speisröhre in den Schweizr Magen. Des isch et ganz legal, überhaupt et und jetzt kommts! Wenn ma et de ganze Zeit dabeibleibt, dann macht die Mollath immr weidr.

Was woiss i, bisch halt grad busy, weil woänders Finanzkris übrkocht, Immobilienblase, kennt ja jedr, kommsch zurück in die Küch: Hasch du den Ernscht-Fall: Die Soße isch zu heiß gworde! Und des Mollath spältet sich auf in zwei Teile.

Die oi isch durchtriebe und dr andere isch quasi des Gegateil. Und in äm HVB-Topf isch die Kombination pures Gift, Herrschafte!

Jetzt gibt's nur oins: Raus mit dem Mollath in an andre Topf! Der werd zwar no rumschreia „Schwarzgeld, Schwarzgeld!" Aber wie gsagt: „Gift".

Also brauch ma etz , bitte aufschreiba:

1. Oi ärztliches Attescht, am beschte falsch unterschrieba.

2. Oi richtig, älso richtig scharfr Richter, nach Möglichkeit von dr Firma Freisler und

3. Jäde Menge Abführmittel, aber et de grüne, de man so kennt, von Straßekreuzungen und Streifewage. Wir nähme als Abführmittel Gutachter, drei, vier, fünf, sechs Gutachter! Welche Marke isch ganz gleich, wichtig isch: Die dürfe koine eigne Subschtanz aufweisa.

Nur bescheinige, dass dr Mollath – ganz oifach – geischteskränk isch. Dadurch wird der kloinr und passt dann bessr in den vorbereitete, luftdicht äbgschlossne Hochsicherheits-Topf. Schön obe Deckel drauf und da lass ma den mindeschtens sieben Jahre auf kloinster Flamm schmore und zwar mindeschtens bis die Verjährung einsetzt. Abr it in *diesem* Topf sondern

… in dem alde HVB-Topf, wo ja noch die Anlegr drin flacke!!!

In der schwarzn Soß …

Abr da … Wer hat auspasst? – isch ja – genau! – au no Mollath drin. Die muss natürlich au raus.

Wir hebe gänz kurz den Deckel an, probiere mit dem Zeigefingr, ob des au älles stimmt mit dem Schwarzgeld (probiert, lutscht am Finger, überlegt, lächelt)

Des stimmt … aber … des sagn mr koinen, sondern tun än Deckl rasch wieder drauf. Vorher … entfernen wir die Mollath … (zieht sie mit Daumen und Zeigefinger raus) Hoppla, da hängt no a änders Kerle dran!? Lassen die erscht mal trockne und abkühle und entsorge sie und ihr neues Männle bei der HRE, aber des isch a ändres Süpple …

Im Prinzip isch jetzt älles in Butter. Mir könne etz die schwarze Soß aus dem ranzige HVB-Topf umschütt in a modern'n *Unicredit*. Des mache mr au, bloss was isch passiert?

(zeigt aufs Publikum)

Genau, etz isch ons dr ändre Topf undicht worde!! Gell? Immr drableibe, immr drableibe!!!

Jetzt isch also dr Bayreuther Topf – frag mi et wie! – irgendwie undicht gworde und dr ganze Scheißdreck quillt übr!

Normalerweis nemmt man jetzt Minischter-Soß – in dem Fall Spät-Merk aus dem Gmüs-Garte – und versucht des älles runtrzuköchle, abr des haut halt grad in Wahlkampfzeite net so oifach hin, Herrschafte!

D'Hauptsach isch etz Folgendes: Du kannsch etz älles auf die Abführmittel schiebe oder sage: Des Attescht isch falsch unterschriebe, du kannsch sogar den Mollath freilasse. Des is älles worscht!

Aber auf koin Fäll darf man den Mollath-Topf thematisch mit dem HVB-Schwarzgeld-Topf zusammenbringe, weil sonscht isch am End wirklich die Scheiße am dampfe!

Im November 2013 stirbt Dieter Hildebrand. Seine Beerdigung ist mir noch gut in Erinnerung: Monika Gruber holte Micha, Till Hoffmanns Frau, und mich mit dem Taxi ab. Bei der Trauerfeier war quasi die gesamte Szene anwesend, Roger Willemsen hielt eine engagierte Rede. Konstantin Wecker erzählte mir, er habe Muffensausen, dass ihm beim Vortrag von *Der Sommer ist vorbei* vor Weinen die Stimme wegbleiben könne. Zu den Klängen einer Brass Band setzte sich dann der Trauer-Zug in Bewegung.

Der von seinen Enkeln bunt-bemalte Sarg sorgte auf eine Art für friedlich-heitere Laune. Als ich mit Butzko und Luise Kinseher den Friedhof verließ, musste ich mich sputen und meinen Sohn aus der Schule abholen.

Er hatte mir einmal gesagt, er sei sauer, dass ihn Hildebrandt nicht zu seinem 85. Geburtstag eingeladen hätte und er ihn deshalb auch nicht zu seinem Kindergeburtstag einladen würde. Ich berichtete ihm von der Trauerfeier, die noch in der *Lach- und Schiess* ein Nachspiel haben würde. Das interessierte den Neunjährigen dann doch und wir fuhren gemeinsam in den „Laden", wo wir vom gutherzigen Pino, meiner Lieblingsbedienung, in Empfang genommen wurden. Ich gesellte mich zu Rainer Basedow, einem der langverdienten ehemaligen Ensemblemitglieder, sprach mit Werner Schneyder, der mich ermunterte, mehr Chansons zu singen. Nach einer Stunde aber war es Zeit, meinen Sohn aus der vielköpfigen Menge zu ziehen. Es war ein würdiges Treffen.

Kapitel 15
Die Pastinaken

Der Chanson-Idee blieb ich treu. Nur wenige Jahre später veröffentlichte ich das Chanson-Album *Blattgold* mit Andy Lutter, dem Leiter des Münchner Jazzfestes und einst selbst musikalischer Leiter bei der *Lach- und Schieß*. Er war lange mit Werner Schneyder auf Tournee.

Auf dem Album findet sich die *Pastinaken Polka*, einer meiner wichtigsten Texte. Der Grafiker und Künstler Matthias Weinzierl, damals einer der Geschäftsführer des Bayerischen Flüchtlingsrates, hatte im Herbst 2011 im Rahmen der städtischen Kampagne „Laut gegen Brauntöne" zusammen mit der Jugendkultureinrichtung *Die Färberei* eine denkwürdige Ausstellung entwickelt. Sie trug den Titel „Pastinaken raus!" und wurde im Kulturzentrum Gasteig aufgebaut, um zu zeigen, wie weit die Denkweise von Nazis bereits in den bürgerlichen Raum eingezogen ist.

Auf Schautafeln wurde die Existenz einer Flüchtlingsgruppierung behauptet, die man „Pastinaken" nannte, auch, dass immer mehr über die Grenze kommen und bereits viel zu viele im Lande seien. Die Parole „Pastinaken raus" haben dann auch einige Bürger unterschrieben. Nur: Wer sich ein wenig mit Gemüse auskennt, weiß, dass Pastinaken schlicht und einfach ein Wurzelgemüse sind. Aber Propaganda kann Berge versetzen, nicht wahr?

Ich erfuhr bei einer Sitzung der *Petra-Kelly-Stiftung*, in deren Beirat ich sitze, von dieser Aktion und schrieb im Georg Kreisler-Stil die *Pastinaken Polka*.

Matthias sprach mich kurz danach an, ob ich Lust hätte, an einer Revue in den Münchner Kammerspielen teilzunehmen, das Ensemble des Theaters übernähme die Aufgabe, aus den vielen rechten Hass-Mails vorzulesen, die zunehmend alle öffentlichen Einrichtungen belästigen. Ich solle gemeinsam mit meinem Kollegen Frank-Markus Barwasser eine kabarettistische Betrachtung des Nazi-Problems vornehmen und Musik liefern.

Andy Lutter willigte sofort ein, mit mir zusammen das „Pastinaken-Orchester" zu gründen. Die *RAUS REVUE – wer ist hier der Nazi* fand 2014 statt und war ein großer Erfolg. Nicht zuletzt wegen der *Pastinaken*

Polka, die wir 2020 auch als aufwendigen Musik-Clip produzierten.

Text 37
pastinaken polka

Haben Sie es auch geseh'n? – Auf RTL?
Wie ist nur diese Seuche noch zu stoppen?
Die Pastinaken, die vermehren sich so irr-
sinnig schnell,
Weil sie generell nichts andres tun als
poppen.
Dabei sind sie wohl zum größten Teil nur
Schwule
Und keiner ging wohl je in eine Schule
Und die zur Schule gehen, sagt der Bericht,
Die stör'n mit ihrem Lärm den Unterricht.

Am allerschlimmsten aber ist ihr Schweigen,
Durch das sie uns ihre Verachtung zeigen.
Vermutlich pauken sie nur
Auf ihr Einser-Abitur,
Und das wäre wohl der eigentliche Zweck:
Sie nehmen uns'ren Kindern die Studien-
plätze weg!

Pastinaken, Pastinaken raus!
Warum wird dieses Thema nur verschwiegen?
Pastinaken, immer wieder! Pastinaken ohne
Pause!
Dieses Thema wird doch künstlich hoch-
geschrieben!
Pastinaken, Pastinaken weg!
Diese Bande ist doch nirgendwo daheim!

Sie zahlen Steuern und sie
Kaufen uns're Waren. Gott bewahr!
Wenn Sie mich fragen: Pastinaken? – Nein.

Pastinaken, wo man hintritt: Pastinaken!
Keiner weiß, woher sie kamen und – warum?
Man weiß nur, dass sie auf den Gehsteig
kacken
Und sie bringen uns're Schäferhunde um.
Wenn wir schlafen, schleichen sie in Werks-
kantinen
Und putzen dort im Schutz der Nacht uns're
Latrinen
Sie tun bei Eis und Regen
An den Straßenrand sich legen.
Ja, so möchte ich mein Geld auch mal verdie-
nen!

Immer wieder hört man von der Krise.
Die einen haben Milliarden, ich nur Miese.
Scheinbar ist es kompliziert,
Aber wenn man recherchiert,
Dann ergibt sich – da drauf kommt doch
jedes Kind! –,
Dass an allem schuld – die Pastinaken sind!
Pastinaken …

Ach, was waren das für unbeschwerte Zeiten!
Als man mit Gleichgesinnten sich getroffen
hat.
Man konnte lachen und man tat sich auch
mal streiten,
Bis man besinnungslos sich besoffen hat.
Wir Kameraden zogen grölend gegen Osten
Und kamen irgendwie auf uns're Kosten.
Wehrmacht, Wehrmacht, wer

Macht das heute noch?
Keiner kommt aus seinem Kellerloch.

Stattdessen sieht man sie auf uns'ren Treppen
flacken
Die Pastinaken.
Mit Drogen in den Jacken.
Wahrhaftig, das ist nicht mehr
Das Land der Dichter!
Was könnte da die beste Lösung sein? –
Ich hab's!
Wir führen wieder die Todesstrafe ein.

Pastinaken, Pastinaken raus –
Wenn sie nicht wären, na, dann würd ich sie
erfinden!
Und drum sind Pastinaken überall zu Haus,
denn es gibt überall was anzuzünden.

Pastinake, wenn Du Pech hast, dann bist Du's!
Am Ende waren sie vielleicht schon vor uns
da?
Dass sie stören, das ist klar
und es klingt vielleicht abstrus:
Brauchen wir Pastinaken??
Ja!

Die *Pastinaken Polka* trugen wir dann auch im Juni 2016 in den ausverkauften Kammerspielen vor, denn da feierte die *Lach- und Schieß* ihren 60. Geburtstag. Es gab ein Wiedersehen mit Henning Venske, Georg Schramm, Josef Hader, Claus von Wagner, Max Uthoff, Luise Kinseher, Pigor & Eichhorn sowie Michael Mittermeier. Durch den Abend führte Christian Ehring.

Natürlich zeigte das damals aktuelle Ensemble der *Lach- und Schieß* sein Können (Caroline Ebner, Norbert Bürger, Sebastian Rüger und Frank Smilgies – beide letzteren bekannt als Ulan & Bator).

Kapitel 16
Viertes Soloprogramm *Das Thema ist gegessen*

Mein bislang letztes Solo-Programm hatte im Januar 2017 Premiere in der *Lach- und Schieß* und ist die logische Fortsetzung des Wasser-Programmes von 2010, denn was sind die existentiellen Themen der Menschheit? Trinken und – Essen! (Die Idee einer Triologie sieht noch „Wohnen" vor – warum mir das Thema dann aus persönlichen Gründen zuwider war, erkläre ich später.)

Die Frage der Ernährung trifft uns alle, die Frage, wer einkauft, vorbereitet, kocht und wieder einkauft und wieder zubereitet, trifft oft – jemand anderen. Ich verarbeitete in diesem Programm ganz klar eigene Erfahrungen, denn ich bin zu einer Zeit aufgewachsen, als Kochen schlichtweg Frauensache war, „mann" wurde damit nicht behelligt. Es war aber auch eine Zeit der großen Versprechungen der Lebensmittel-Industrie, was Fertiggerichte betraf. Es galt sogar die Behauptung, dass Zucker gesund sei (meine Mutter verabreichte mir deshalb Zuckerwasser, so dass ich schon als Kind Karies-Dauergast beim Zahnarzt war). Selbst im Jahr 2023, als sich Ernährungsminister Özdemir bemühte, durch Süßwaren-Werbeverbote Adipositas bei Kindern vorzubeugen, musste er sich von der Industrie als Nachfahre von Hitler oder Stalin beschimpfen lassen.

Das Aufkommen der ökologischen Bewegung Anfang der 1980er und deren Vollkorn-Mentalität wurde eher belächelt. Auch heute noch gibt es Kabarettistinnen, die in deftigem Bayerisch meinen, auf Vegetarier einschimpfen zu müssen, als gehe von ihnen eine die Gesellschaft zerstörende Gefahr aus. In der Tat scheint es, dass viele glauben, die Umwelt sei doch längst gerettet, die Bio-Propagandisten hätten die Macht übernommen, nur weil die Themen von Nachhaltigkeit, Biokost und gesunder Ernährung durch die Medien geistern. In der Praxis hat sich allerdings wenig geändert. Der Anteil der ökologischen Landwirtschaft beträgt gerade mal 10%.

Aus diesem Grund nannte ich das Programm *Das Thema ist gegessen*. Wie hartnäckig der Konsument beispielsweise am Fleischverzehr festhält, beschreibt der folgende Sketch:

Text 38
Klonfleisch

Revolution? No, bitte! Glauben Sie, der Mensch – ich verbessere mich, der Kunde, ist reif für einen Umsturz?

Schauen Sie, ich mache Marketing, ich versuche die Kunden für ein neues Produkt zu interessieren.

Beispüüü: Einer meiner Auftraggeber investiert in Fleisch aus Zellkulturen, kennen Sie?

Gentechnisch geklontes Kunstfleisch, haben Sie eine Vorstellung davon?

Kennen Sie Kim Kardashian?

So ungefähr ....

Das ist also Fleisch, das wird gezüchtet! In Petri-Schalen. Das sind so Schalen, die haben überall so Freundschaftsbänder. Wahnsinn!

Da werden ein paar Stammzellen in eine Nährlösung reingelegt. Dann vermehren die sich, dann werden Muskelfäden draus und die werden dann zusammengepresst. Und dann kommt ein Gutachter, der schaut si des aa und sagt:

„Schönschön. Da machma an Cheeseburger draus. Und das da geht an das Olympische Komitee, da basteln wir eine Kugelstoßerin draus."

REPORTER INTERMEZZO

„Frau Rübenacker, Sie haben damals die Silbermedaille für Deutschland geholt, wie war das für Sie?"

(mit tiefer männlicher Stimme)

„Ja, mein Jott, wir haben ja alle diese Spritzen jekriecht, nä?"

NATASCHA

So jetzt geht das über die Ladentheke, was sagt der Kunde?

KUNDE

Des schmeckt ma ned.

NATASCHA

Also, was macht also der Hersteller? Er gibt künstlich Fett dazu.

KUNDE

Na, des schmeckt ma ned.

NATASCHA

Aromastoffe dazu.

KUNDE

Na, des schmeckt ma ned.

NATASCHA

No. Und was ist das Ende von der Gschicht? Jetzt tun's in Gottes Namen die Wachstumshormone dazu und die Antibiotika, die der Kunde von der Massentierhaltung kennt. Und?"

KUNDE

Ah, jetzt passts!

Selbstverständlich kommt auch hier Herr Gehlenkirch zu Wort und nach dem Ritt seiner Sprachfetzen durch die Jahrzehnte ergibt sich eine Schlusspointe, die ich dann unversehens lange stehenlasse. Man hört dann buchstäblich eine Stecknadel fallen.

Text 39
Gehlenkirch über die Macht der Discounter

Ich ess nicht mehr viel +++ Ja, mit dem bisschen Rente, kann man keine großen +++

Wie war denn das damals?!! Es war ja KRIEG!!! +++ Wir hatten ja nichts!! +++

Und die Amis (nickt) +++ die hatten ja schon diese +++ Super-Einkaufs äh +++ wo man alles, nicht? +++ Ja! Gott! Wir…+++ nich? Da war der Bauer… den kannte man +++

Der hat dann sein Vieh +++ die Tante Emma +++ äh Läden +++ So hieß das ja früher +++ da is man einfach hin +++

Aber diese ganze Chemie heutzutage +++ Gut, wir hatten Dr.Oetker, aber das war ja nur ganz wenig, das war ja im Prinzip gar keine Chemie, weil die war ja damals noch gar nicht erfunden +++ aber wenn sie heute in einen Supermarkt gehen +++ jaaa…

Es wird ja immer gesagt +++ Die Leute werden immer bequemer und die vielen Fette

ECCO
MEINEKE
ARTGERECHTES KABARETT

DAS THEMA
IST
GEGESSEN

www.eccoland.de

+++ jaaa, wenn wir damals diese Fette gehabt hätten +++ oder wenn es heißt, „Die jungen Leute von heute ... Ja-ha-ha-ha-haaaah" +++ Unsinn! nicht?

Die haben auch nichts +++ Ich seh's ja selbst +++ Die Renten oder sagen wir mal +++ nehmen wir mal dieses Hartz ... Das steht ja da drin +++ Nicht? +++ Schwarz auf Weiß: Essen – pro Tag – pro Erwachsener 4 Euro 62

+++ ja, da gehen Sie auch zum Super ... äh natürlich, das macht sich doch bemerkbar! +++ und wenn Sie das jetzt auf die große Masse +++ die vielen vielen Leute, die immer mehr werden und die immer weniger haben und die marschieren da alle rein, dann ist der doch komkurrenzlos +++ da kann doch die Tante Emma einpacken! +++ und damit sind wir wieder bei der Chemie

+++ das muss ja alles möglichst billig sein +++ Da muss doch der Bauer +++ jetzt egal ob in Afrika oder +++ da muss der doch auch Chemie +++ und was das für uns bedeutet +++ gesundheitlich +++ Dann ist das doch alles +++ unterm Strich +++ das ist meine Meinung +++ auch +++ äh ...

Krieg.

Die westliche Hemisphäre ist nach wie vor stolz auf ihren technologischen Größenwahn. Da wird patentiert, was bei „Drei" nicht auf dem Baum ist. Natur gilt nicht als schützenswertes Gemeingut, sondern ist allemal Plündergut und Ware, die zu funktionieren hat.

Ein Programm schreiben, das hat auch immer etwas von Exorzismus, man geht klüger daraus hervor, und so wie mein Protagonist im Verlauf des Stückes lernte ich im Verlauf des Stückschreibens tatsächlich kochen. Es war ein guter Plan.

So schrieb ich mir und damit auch dem Publikum 12 Monatsgedichte über das jeweils regionale Saisongemüse, ein literarisch-kulinarischer Leitfaden, der demnächst in Kalenderform erscheinen soll.

Ich gebe auch Haushaltstipps in diesem Programm, z.B. was die Reinigung eines Kühlschranks betrifft, indem ich einen Billy Joel-Song umschrieb: „Abtau'n, girl!"

Das Programm ist natürlich auch Teil der aktuellen politischen Aktionen, so war ich einer der ersten Unterstützer der Tollwood-Initiative *Artgerechtes München* (gegründet 2015) und spielte 2019 bei der Gründung des *Ernährungsrates München*.

Kapitel 17
Der Watzmann

2018 weilten die österreichischen Bühnen-Legenden Christoph Fälbl, Klaus Eberhartinger (Frontsänger der EAV) und Joesi Prokopetz in München und brachten das Kultmusical *Der Watzman ruft* im Deutschen Theater zur Aufführung. Prokopetz war einer der drei, inzwischen zerstrittenen, Autoren dieses Musicals, neben Manfred Tauchen und dem genialen Liedermacher Wolfgang Ambros, der die Songs schrieb für das 1974 erschienene Konzeptalbum.

Es war eine anarchische Parodie auf die Heimat- und Berg-Schnulzen der Nachkriegszeit, die im alpenländischen Raum so gut wie jeder kennt.

Nur die sexistischen Pointen der Urversion waren nun ein wenig in die Jahre gekommen und so bekam ich eines Tages einen Anruf vom Management. Man wünsche sich eine kabarettistische Auffrischung des Textes mit aktuellen und vor allem Bayern-spezifischen Pointen, die ich gerne ablieferte. Die junge Regisseurin nahm das ab, es gab eine Pressekonferenz, in der ich als Mitautor herumgereicht wurde. Schön für mich. Alles wurde eingeprobt – und dann passierte bei

der „Neu"-Aufführung etwas Überraschendes: Die Herren blieben bei ihrem Urtext. Es hagelte Verrisse und der Image-Schaden für mich war immens, denn meine Pointen kamen gar nicht zum Einsatz.

Monate später entschuldigte man sich bei mir und fragte an, ob ich nicht bereit sei, eine moderne „Münchner" Fassung zu schreiben, gespielt von Münchner Schauspieler*innen, quasi als Eigenproduktion des Deutschen Theaters. Eine echte Herausforderung, ich kam ins Schwitzen, schlug die große Chance aber natürlich nicht aus. Ich holte mir meinen Kollegen Sven Kemmler als Regisseur und Lektor ins Boot. Er hatte sowohl bei der *Lach- und Schieß* als auch bei *Fake* unter Beweis gestellt, dass er weiß, wie Humor im 21. Jahrhundert aussehen muss.

Wie könnte ich die Geschichte also neu erzählen, ohne Generationen von *Watzmann*-Fans zu verprellen? Nun, der Berg ist der Berg und wird es immer sein.

Aber der Mensch?

Was der Mensch in der Bergnatur angerichtet hat, war mir bewusst, spätestens seit meinen Recherchen zum Wasserprogramm und den Solidaritäts-Auftritten für die Nolympia-Kampagne 2013. Sie hat letztlich durch einen erfolgreichen Volksentscheid ein kostspieliges Winter-Olympiaden-Spektakel 2022 in den Alpen verhindert. Ich machte also aus dem Watzmann, der sich mythenumwoben seine Opfer „holt", das eigentliche Opfer.

Wozu Bergwälder, wenn man mit Skischaukeln viel Geld verdienen kann?

Wozu Klimaschutz, wenn man Schneepisten künstlich beschneien kann?

Und um „auffi" zu kommen, gibt es inzwischen jede Menge motorisierte Möglichkeiten für den Bauern, der sich der alten Hüttenromantik als Fake-Kulisse trotzdem gerne bedient. Da kam der Vater-Sohn-Konflikt der alten Bühnenfassung wie gerufen! Denn der „Bua" lehnt sich auf gegen die Naturzerstörung.

Hier die Eingangs-Szene:

Text 40
Watzmann, Stub'n-Szene

Vater und die drei Weiber treten von links auf, setzen sich zu Tisch.

Das Outfit verrät: Der Vater ist kein richtiger Bauer, er ist Unternehmer, ein geldgieriger Patriarch. Alt, aber sportlich, mit verspiegelter Sonnenbrille und Jack Wolfskin-Jacke. Die alte, enge Hütte mit ärmlichem Mobiliar ist Fake, und das Kruzifix im Herrgottswinkel ist viel zu groß.

Die Weiber reden durcheinander. Der Vater stoppt die Weiber, indem er auf den Tisch haut. In der eingetretenen Stille hört man immer noch das Glöcklein. Die Weiber schauen nach oben. Der Vater sucht in seinen Taschen nach der richtigen Fernbedienung, die sechste ist es dann, und er kann das Glöcklein abstellen.

VATER

So jetzt!

Er stellt an seiner Rolex die Stoppuhr an

Auf geht's!

Drückt – woraufhin die Weiber anfangen zu beten

WEIBER

Gegrüßet seist du, Maria, voll Gnade,
der Herr ist mit dir.
Du bist gebenedeit unter den Frauen,

und gebenedeit ist die Frucht deines Leibes, Jesus.

Sie halten inne und schauen den Vater an

VATER (schüttelt den Kopf)
Schneller!

WEIBER (im Turbo-Tempo)
GegrüßetseistduMariavollGnadederHerristmitdir …
DubistgebenedeitunterdenFrauenundgebenedeitist
dieFruchtdeinesLeibesJesus!!!!!

VATER
Scho besser (wendet sich an Weib 1)
Wie is des bei Ihnen, Frau … äh … Wisczinszki?

FRAU WISCZINSKI (Polin)
Iach bin Frau Wisczinszki

FRAU MASCHKUPEK (Sächsin)
Die Fräau Wisczinszki sitz do drüübn
Ich bin die Frau Maschkupek

VATER
Oiso, Frau … Maschkupek
Sie san ja die Zenzi –
Am Dialekt dean ma no arbatn …
Beim „Ave Maria" foits ned so auf, aber …
Der erste Satz klingt no ned authentisch gnua

FRAU STAUDINGER

(Eine woman of colour mit afghanischen Eltern, die allerdings als einzige der anwesenden Frauen in Bayern geboren ist)

Und wann i do kurz eihakn dearf, Frau Maschkupek: Es hoasst ned „Maria, voll die Gnade!", es hoasst einfach blos „Maria voll Gnade". (zum Vater) Bitte!

FRAU MASCHKUPEK
Achso ja. Ach so. Nu.

Donnergrollen unterbricht die Szene

VATER
Harrgott! Der Berg is a Sau, er gibt kaa Ruah nit!

WEIBER
Watzmann, Watzmann, Watz going on?

VATER (sinniert)
I geh jetz auf de (schaut zu den Weibern) 40 zua …

Die Weiber nicken pflichtschuldig

VATER
I woass, man siegt es mir net o … (wartet)

Die Weiber schütteln pflichtschuldig und etwas zu heftig die Köpfe

VATER
Aber in de friahren Dog …

WEIBER

… da war's no schee

VATER

… in de friahren Dog …

FRAU STAUDINGER

… da gab's no Schnee.

VATER

Staad bist!! … in de friahren Dog hod da Vater dem Sohn den Hof überlassen, damit der den Besitz erhalte und mehre …

WEIBER

Böhmen und Mähren.

VATER

Der Sohn war's, der den Hof ausbaut hod. Der Sohn war's, der die Beteiligungen an den Seilbahn-Gesellschaften übernahm, … der die Landwirtschaft und die Bergwälder zerstörte, eine anständige Piste heranschaffte und den Beton …

WEIBER

Himmiherrgott, Beton für uns!

VATER

… der die Stahlträger in den Berg trieb … Und das Wild in den Streichelzoo. … der Aussichtsplattformen schuf, die den stolzen Namen „Top-lookout" tragen durften, … der Erlebnisgastronomie schuf und Grundstücke erwarb, damit spekulierte und das Kapital verschwinden ließ. Er errichtete Schischaukeln und gaukelte den Touristen Naturverbundenheit vor.

WEIBER

Hoamat, Hoamat über alles …

VATER

… der Politiker kaufte und ihnen Flitscherl zutrieb. Und was ist daraus geworden?

Mein Sohn will …

Keyboard spielt A-Dur

WEIBER dreistimig

Der Bub kummt, der Bub …

Bass setzt ein zum zweiten Takt von Tuxedo Junction

WEIBER weiter

Der Bub kummt , der Bub
Der Bub kummt , der Bub
Bub kummt , Bub kummt
Himmiherrgott hab ein Einsehen!

Bub, der über eine eigenartige Gangart verfügt, tritt ein. Beim Öffnen der Tür hört man Sturmpeitschen, als sie wieder zu ist, ist es schlagartig still. Bub bleibt an der Tür stehen.

VATER

Solltest du ned an der Seilbahn-Kassn sitzn?

BUB

Kein Bock.

VATER

Sitz di na, du Krippel.

Bub nimmt Platz, greift nach dem Löffel

VATER:

Des is der Löffel vom Bauern! Und mit dem Bauern sein Löffel isst nur der Bauer und nit der Bua! Erscht wann der Bauer den Löffel obgibt, kann da Bua mit'n Bauern sein Löffel essen!

BUB

„Bauer", dass i ned lach! Wann da Großvater no lebad, daad er si im Grab umdrahn!

VATER

Stad bisd, Saubattl!

BUB

Mit da Heugabel hätt er dir die Börsenberichte aus da Hand gschlagn.

VATER

Solang's Du no Deine Fiass unter meinen Stubentisch „Traunsteiner Erle natur von der Möbelmanufaktur Obermeier in Antenbichel" ausstreggst, dearfst glei gern's Mai hoitn!

BUB

I spui nimma mit, Vater! Heit is Freidog!

VATER

Ja und?

BUB

Da huck i mi ned ins Kassenheisl vonnam Klimakiller. Da dua i schee schwänzn und geh zu „Fridays for future".

VATER

Aha. Für den Herrn is da Berg nimma kommod gnua?

BUB

Des wos du ausm Berg machst, Vater, duad eahm koa Guats nit. Aber wearst es scho sehng: Der Berg kennt koa Einsehn nit.

Einspielung Wind

VATER

Der Berg, der Berg! Die Bank! Die kennt koa Einsehn nit! Der Lift muass zu 73% ausglastet sein, wemma ned in Kreditverzug kemma wojn.

Licht verdunkelt sich

BUB

Da schau aufi, wia er dasteht, der Watzmann! Groß und mächtig. Er hod mi gruafa. Auffi muass i, sagt er.

Einspielung Wind stoppt plötzlich

VATER

Ja mei, wenn's weida nix is, nimmst hoit an nächstn Sessellift. Die Snow & Fun-Card hast ja.

oto: v.l.n.r. Jacobacci, Meineke, Kuka, Bereuer

BUB (schüttelt spöttisch den Kopf)
Naa Vater.

VATER
Oder nimmst an Freestyle Back Country Skidoo mit 300 Kubik Rotax Motor, na bisd schneller herobn …

BUB (schüttelt spöttisch den Kopf)
Naa Vater.

VATER
Meinen Heli kriagst fei ned!

BUB
Z'Fuass geh i auffi.

Musikalisch / akustisch: Donner Blitz Grauen!

VATER
Dua mir des ned o, Bub! Du konnst es ned. Du woasst, du kannst ned klettern, du bist ja scho zum Brunzn z'bled.

BUB
Des mag sein. Aber der Watzmann will mich als Freind. Und i…. (er steht auf) hab sei Freundschaftsanfrage angenommen. I geh auffi! Wearst es scho sehng!

Bub geht in die linke Hüttenecke und findet keine Tür. Vater deutet nach rechts

VATER
Do is!

Bub verwirrt

VATER
Do hod der Maurer 's Loch gmacht!

Bub „geht" stolz hinaus. Vater und Weiber allein

VATER
Depperter Hirsch, depperter ….
Da ander, hey! Zipfeklatscher, bleeda!
Kreiz – Birnbaum und Hollerstaudn!

Er sieht die Weiber an

Habt's es nix zum doa?

Die Weiber erschrecken sich und beten los.

WEIBER
GegrüßetseistduMariavollGnadederHerristmitdir…DubistgebenedeituntrdenFrauenundgebenedeitistdieFruchtdeinesLeibesJesus!!!!!

Der Vater schlägt mit der Faust auf den Tisch, in der Küchenzeile geht ein Küchengerät an.

VATER
Hörts auf zum beten, bleede Weibsbilder miteinander!
Und macht' den Thermomix aus

Er steht auf

Feierabend!

Die Weiber gehen vor die Tür und ziehen ihre ärmliche verschleierte Kleidung aus. Darunter tragen sie Adidas-T-Shirts und Turnschuhe. Auch der Vater zieht sich vor der Tür um, trägt teure sportliche Kleidung und setzt sich seine Ray Ban auf.

VATER

Frau Maschkupek, wann's de Tiar no zumacha daadn.

Vater geht hinters Haus. Man hört den Motor eines frisierten Zweirades, das sich schnell entfernt. Frau Maschkupek schließt die Tür, man sieht die Aufschrift „Letzte authentische Berghüttn am Watzmann". Sie gibt einen sechsstelligen Code ein („Biepbiepbiep Biepbiepbiep"), geht, dann fällt ihr nochwas ein, sie geht zurück („Biepbiepbiep Biepbiepbiep") und schaltet die Stationen-Beschallung ein. Es ertönt ein lautes „Ein Stern, der deinen Namen trägt…" aus dem Hüttenlautsprecher.

Ende Juli 2019 feierten wir eine hochgelobte Premiere im Deutschen Theater und spielten das Stück bis in den August hinein.[7] Das Dreamteam bestand aus meinen Kolleg*innen Sabine Kapfinger (Hubert von Goiserns „Alpinkatze"), Claudia Jacobacci, Cecilia Kuka, Eva Hermann und die Herren Moses Wolff, Christian Theussl, Arndt Schimkat (als Bob Ross), Norbert Bürger und Aurel Bereuer. Wegen eines Betriebs-Unfalls musste ich bis zur letzten Aufführung die „dritte Magd" spielen und tanzen. Danach war leider schon wieder Schluss.

Anmerkung
7 https://www.deutsches-theater.de/der-watzmann

139

Kapitel 18
Coaching und Jahresrückblicke

Zu Ende ging es sukzessive auch mit der *Lach- und Schießgesellschaft*. Till Hoffmann und die weiteren Gesellschafter kamen nicht mehr zusammen, der Lotse ging von Bord und das Schiff sank weiter. Die meisten aus der Szene und das bisherige Personal boykottierten den „Laden". Wenig fand dort noch statt. Das letzte Ensemble hatte erst durch die Pandemie das Pech nicht auftreten zu können, dann, nach Corona, spielten sie – und wurden schlichtweg nicht ausgezahlt. Was für ein schlechter Stil! 2023 meldet die Gesellschaft Insolvenz an. Die Stadt ist tief betroffen, dann kommen Ladenhüter ... ich wünschte, ich sähe Licht am usw.

Wie dem auch immer sei, setze ich voll auf den Nachwuchs und deswegen arbeite ich seit 2018 auch als Kabarett-Coach, u.a. bei der Volkshochschule München. Das reicht vom Erstellen von Texten, über Figurenfindung, Sprechapparat, Körpersprache, bis zu Inszenierung. Ich arbeite mit Gruppen wie auch mit Einzelpersonen. Bei den Links am Ende des Buches ist der Kontakt leicht zu finden.

Das Jahresende ist für viele Kabarettschaffende verlockend. Mit einem „Jahresrückblick" lässt sich das im Laufe von 12 Monaten gesammelte Pointen- und Bildermaterial nostalgisch wiederverwerten. Diese sichere Bank ist allerdings schon von jeher von lieben Kollegen besetzt und so hatte ich 2010 eine verwegene Idee: Ich drehte den Spieß um und wagte das Experiment, in ganz Deutschland derjenige zu sein, der als Allererster einen Jahresrückblick präsentiert. Nämlich schon im Januar des jungen Jahres.

Seitdem verbringe ich die ersten Wochen jedes Jahres mit rauchendem Kopf am Schreibtisch und texte auf Hochtouren. Völlig verrückt eigentlich, denn es sind nur wenige Auftritte, die ich mir da in schneller Abfolge gebe. 2024 war das Hofspielhaus der umtriebigen Schauspielerin und Regisseurin Christiane Brammer ausverkauft und aus dem Publikum kam der Wunsch, diese Art satirischer Chronik doch öfter über das Jahr zu verteilen, so ziehe ich also erstmal im Mai 2024 mit einem „JahresMITTEüberblick" nach ...

Die meisten, vor allem sozialpolitisch re-
levanten, neuen Bundesgesetze treten am 1.
Januar in Kraft. Natürlich muss ich bewusst
darauf eingehen. Und es gibt gefürchte-
te CSU-Klausuren als explosive Jahresan-
fangs-Propaganda-Instrumente: 2020 etwa

präsentierte der frisch gewählte Bayerische
Ministerpräsident auf dem üblichen Klau-
surtag der CSU eine neue „Vierte Säule"
der Altersrente. Ich ließ dieses fragwürdige
Konstrukt im *Jahresrückblick 2020* von einer
Figur erläutern, die Sie bereits kennen.

Text 41
Rente

Mit 70 da war ich noch fit,
jetzt ess ich nur noch Fertigsuppen.
Ja, wegen der Zähne und wegen der Rente ...
Der Söder hat ja auch gesagt:
Das Bundeskabinett soll verjüngt werden.
Da wurde er von der Presse gefragt,
ob er das denn mit Annegret Kram-
kramp-Karrenbauer
– das geht schon bald alles nicht mehr mit
dem Gebiss –
ob er das mit AKK abgesprochen hätte?
Sagt er „Ja, aber nicht vorher".
Das klingt schon verdammt nach Alzheimer,
wenn Sie mich fragen.

Er hat ja auch gesagt, der Scheuer wird sein
Gemaut... Maut...
Gemauschel mit der Maut
„mit großer Ernsthaftigkeit vollständig aufklä-
ren".
Ein Komiker ist er auch noch, der Söder!

Aber er hat eine tolle Idee
äh nämlich:
Die vierte Säule
und zwar ...

von der Rente, da gibt es ja schon drei

die betriebliche

die private

die gesetzliche

und er will jetzt noch die ungesetzliche ...
äh ich meine ... die vierte Säule ...

Da soll der Staat also jedem Kind, das heute
ge...macht wird ...
... Sie können nachher gleich mal anfangen ...
jeden Monat 100 Euro beiseitelegen
und zwar bis es 18 ist.
Das Geld soll dann in einen Pensionsfond
rein.

Und dieser Fond, der soll renditeorientiert
sein.
Ja was heißt das schon?
„Renditeorientiert" – was denn sonst?
Verarmen soll er, oder was?
Das ist wie mit der freiwilligen Feuerwehr.
Warum sagt man das dazu?
Unfreiwillig wird sie sein!

Ich sag Ihnen, was das bedeutet mit der
Rendite!

Dass jemand versorgt wird, soll keine Garan-
tie sein,
sondern ein Geschäft!

Der größte Vermögensverwalter der Welt ist
„Black Rock",
Ein Unternehmen aus den vertrauenswürdi-
gen USA.
Die sitzen in allen großen Konzernen mit drin,
Apple, Airbus,
Renault, Shell, Facebook, Micro...äh...soft.
Die verwalten 7 Billionen Dollar,
Billionen! Das sind 12 Nullen
im wahrsten Sinn des Wortes, weil
das sind nur Treuhänder,
also lassen Geld für sich arbeiten,
das ihnen nicht mal gehört,
sondern –

und jetzt passen Sie mal auf:
Mir.
Ja? Und vielen anderen alten Leuten.
Zwei Drittel des Geldes sind Pensionsfonds.

Weil niemand hat soviel gespart wie ein alter
Mensch,
ist ja logisch.

Und dieses Geld ist ja nur rentabel,
wenn man es nicht dummerweise an uns
auszahlen muss.
Deswegen kommt dieser junge Fuzzi von der
Jungen Union
und will, dass eine Altenpflegerin bis 70
durchmachen soll.

Oder hier in Frankreich.
Seit fünf Wochen streikt das Land
gegen eine Rentenreform,
auch so eine 4. Säule.
Der Premier bietet einen Rückzug an,
aber nur bis April, dann soll man sich einigen,
wenn nicht, ziehen sie es durch.
Da habt ihr euren Basis-Mann Macron.
Euren Super-Europäer.
Ein ehemaliger Investment-Banker,
der den französischen Black Rock-Chef mit
Orden behängt.

Und wir hier – bei uns?
Zu Silvester kommt der Meinungstrend für
2020
„Wer soll Merkel als Kanzler ablösen?"
Die Mehrheit sagt: Friedrich Merz (???).
Dieser aalglatte Grottenolm.
Dieser Gebrauchtwagenhändler.
Was war denn der von Beruf?

Aufsichtsratsvorsitzender von Blackrock.
Schwärzer kann es nicht mehr werden.
Nein halt! Ich weiß, was das ist!
Es kann gar nichts anderes sein:
Alzheimer.

Kapitel 19
Die Corona-Katastrophe

Im Januar 2020 konnte niemand ahnen, was für ein katastrophales Jahr das noch werden würde! Was bisher kein Generalstreik erreichte, brachte ein winzig kleiner, tückischer Virus zustande: den totalen Stillstand einer ganzen Gesellschaft.

Als Teil davon verstummte im März 2020 auch alles Bühnengeschehen. Durch den „Lockdown" im Zuge der Corona-Pandemie wurden nahezu alle Kulturschaffenden auf Monate hinaus zwangs-arbeitslos. Unser unmittelbarer Output musste ins „Netz" ausweichen.

In München organisierte sich eine Literaten-Gruppe aus dem Dunstkreis der Poetry Slam-Szene und der *Schaumschläger* im Schwabinger *vereinsheim*: Mic Mehler, Jaromir Konecny und Christoph Theussl riefen die „Wohnzimmer Heiterkeits Offensive" ins Leben, abgekürzt WHO und schufen eine der vielen Livestream-„Bühnen".

Am 18.April 2020 war ich dort zu Gast und schrieb am gleichen Tag eine kleine Geschichte, die ich dann vorlas:

Text 42
Krankenschwesternklatschen

Meine Lebensfreude war, gefühlt, in Rente, kann man sagen, bis Corona kam!

Ein Geschenk des Himmels oder der Fledermaus oder aus welchem Labor immer das kam. Seit Jahren hatte ich keinen Kontakt mehr zu Frauen herstellen können. Jetzt bot sich die Gelegenheit!

Es begann im März.

„Heute Abend um 19:00 Uhr", hieß es, „treffen wir uns, in gebotenem Abstand, versteht sich … vor dem Krankenhaus rechts der Isar. Und Klatschen dem Personal."

„Endlich was Sinnvolles", dachte ich mir, „etwas, was auch von Herzen kommt." Klatschen, das konnte ich schon immer gut!

Und da kamen auch schon die ersten Krankenschwestern, die meisten waren so überrascht, dass sie versuchten Reißaus zu nehmen, so bescheiden waren sie.

Die Menge setzte ihnen nach … Solidarität braucht Nähe!

Ich kam klatschend bis auf 2 Meter an einen der heldenhaften Engel heran, da verschwand sie in der Trambahn. Aufregend das!

Es … war mein erstes Mal.
Ich fühlte mich fantastisch offline!

Die Krise schrie mit steigender Opferzahl nach einer Wiederholung. In derselben Nacht noch hatte ich mich mitleidsmäßig komplett aufgeladen. Bis um 4:00 Uhr zog ich mir die Bilder aus Bergamo, Brooklyn und Berg am Laim rein, wo eine Altenpflegerin verzweifelt um Mundschutz bat. Ich würde ihr auflauern, so viel war schon mal klar.

Ich hatte sogar noch zwei Schutzmasken aus einer Theaterproduktion meiner Jugendzeit zuhause, aber ich beschloss, ihr nicht das Erfolgserlebnis zu rauben, das sie haben würde, wenn sie durch eigene Anstrengung eine solche Maske würde organisiert haben.

Ich ließ die Masken also im Keller und zog los.

Im Supermarkt besorgte ich mir eine Packung Pralinen. Um 6:00 Uhr bezog ich Stellung in einem Gebüsch neben dem Altersheim. Ich erkannte sie schon von weitem. Übernächtigt sah sie aus, wie sie da so auf das Altersheim zutrabte. Ich wartete, bis ich ihren Atem spürte und sprang klatschend auf sie zu.

Sie floh in das Gebäude, ich hinterher.

Über den Notaufzug entkam sie mir knapp, also klatschte ich alles an, was einen weißen Kittel trug oder eine Uniform. Auch die Polizisten dann, die braven, die tapferen, die mich Minuten später aus dem dritten Stock zerrten.

Vor der Tür bereits eine Schlange Menschen im Abstand von je 1 Meter 50, wartende solidarische Menschen, die nun auch mir zuklatschten.

Seit ich aus der Isolier-Zelle raus und wieder in Zelle 2310 einquartiert bin, habe ich auch wieder Papier und Stifte zur Verfügung. Meine Briefe gehen persönlich an alle Pflegekräfte der Stadt, um sie meiner ausdrücklichen Solidarität zu versichern.

Corona, Du hast mich zu neuem Leben erweckt, ein Leben, das wieder einen Sinn hat!

Manch ein Unternehmen konnte mit Kurzarbeitergeld überleben, manche wie die Lufthansa waren „too big to fail". Aber die Kultur schaute zunächst mal trüb aus der Wäsche. Es gab komplizierte Hilfs-Angebote an Künstler*innen. Sehr komplizierte.

Meinen Spezialfall schilderte ich via Facebook meinem (Ex-)Publikum.

Text 43
Söderhilfe

Liebe Kunstinteressierte!

Sie erinnern sich gewiss noch an den großartigen Auftritt unseres Bayerischen Ministerpräsidenten am 20. April im Landtag?

„Bayern ist ein Kulturstaat. Wir wollen die Kunstszene und die Künstlerinnen und Künstler nicht allein lassen."

„Künstler erhalten für die nächsten drei Monate 1000 Euro pro Monat als Unterstützung."

Aus dem Etat der Künstlersozialkasse, in die ich seit 30 Jahren einzahle.

Heute kam mein „positiver" Bescheid: 60 Euro für die drei Monate Juni bis August!!!

Warum so wenig?

Weil man mir die Corona-Soforthilfe der Monate März bis Mai abgezogen hat. Die deckte aber lediglich die Betriebskosten, was vielleicht nur die wenigsten wissen.

Das heißt, ich bin für meine Lebenshaltungskosten eines halben Jahres mit 10 Euro unterstützt worden. Das ist immerhin eine Flasche Vodka pro Monat.

Eigentlich sollte ich die sechs Vodka auf einmal kaufen. Bei hohen Sommertemperaturen könnte man sich damit vor die Staatskanzlei stellen und selbst verbrennen.

Aber das wäre ein Satiriker weniger.

Das gönne ich ihnen nicht.

Im Ergebnis war ich gezwungen, Hartz IV zu beantragen und ein weiterer Blitz schlug ein …

2018 wurde das Mietshaus, in dem ich 15 Jahre lebte, Wohnung für Wohnung verkauft. Die neuen Vermieter, die sich um die Wohnungen kaum kümmerten, machten dem Begriff „Gentrifizierung" alle Ehre.

Und die betrifft ja uns alle. 2018 fand in München die größte Mieter-Demonstration seiner Geschichte statt. Unter der Überschrift *#ausspekuliert* gingen 11.000 Menschen auf die Straße. Ich selbst war im Vorbereitungskomitee vertreten und sorgte mit für das Kulturprogramm auf der Kundgebungs-Bühne.

Nun, im Corona-Jahr #1 und pünktlich nach der zweijährigen Schamfrist, 2020, bekam ich die Wohnungs-Kündigung aus Gründen des Eigenbedarfs.

Kein Geld, keine Wohnung und zudem noch die Trennung von meiner damaligen Freundin, alles auf einmal!

Es heißt ja, Humor ist, wenn man trotzdem lacht. Der war mir gründlich vergangen, aber die große Solidarität innerhalb der Szene, trostreiche Aktionen von Fans und Freunden haben es möglich gemacht, irgendwie durch diese Zeit zu kommen. Mein größtmögliches Dankeschön an alle!

Vor allem auch an die wenigen, aber mutigen und kämpferischen Aktivisten wie Bernd Schweinar und an jene tapferen Veranstalter*innen, die ihrerseits zu tun hatten, Bühnen für die Zukunft der Kultur zu erhalten. Denn die kommt, auch wenn es noch so tolle staatliche und kommunale Ideen gab und gibt, von unten.

Kapitel 20
Science Slam

Kann Wissenschaft witzig?, dieses Buch erschien 2021 und fragte danach, wie sich Humor als Wissenschaftskommunikation einsetzen lässt.

Seit einiger Zeit betätigte ich mich als Coach für Wissenschaftler, die ihre Erkenntnisse, aber auch Hypothesen gerne in Form von „Science Slams" unter die Leute bringen wollen. Als Studienabbrecher der Geisteswissenschaft bin ich sehr dankbar, dass ich selbst zu einem Science Slammer werden durfte, der bei der Münchner FORSCHA-Messe, den offiziellen Wissenschaftstagen der Stadt, unter dem Pseudonym „Dr.Steven Schmock" seinen Senf abgeben konnte.

So dozierte ich bisher u.a. über die „Nichtsnutzlast in der Raumfahrt", und hielt den Vortrag „Feuchter Traum Flüssiggas" über die absurde Idee, sich mit schmutziger LNG-Technik in eine nachhaltige Energie-Zeit zu retten.

Die Figur des Dr. Steven Schmock wurde aber schon vorher geboren. In Zeiten großer Verunsicherung blüht das Gewerbe der Verschwörungstheorien. Irgendein Pastina-

ke findet sich immer und es sind meistens die Gleichen, die als Sündenböcke herhalten müssen.

Als Reaktion auf die querdenkerische Flut von Behauptungen drehte ich in Straubing den Kurzfilm *Die ganze Wahrheit!*. Wer wirklich hinter der Corona-Pandemie steckt und was Goldhamster damit zu tun haben.

Kapitel 21
Straubing

Die Initiative *Wir sind Straubing* ist eine der emsigsten kommunalen Organisationen für eine lebendige demokratische Gesellschaft. Insbesondere die interreligiöse Zusammenarbeit ist in Straubing vorbildlich, ich trat dort auch mit meinem Klezmer-Duo *Die Shtetlmusikanten* in der Synagoge auf und produzierte einen Kurzfilm über das Verhältnis der Deutschen zu „den Juden".

Text 44
Breitmoser und die Juden

Des war ja alles … schrecklich ne?
Die dunkle Zeit, die wo ja koana richtig wollen hod.
Wo a jeder Christ voller Instbrunst sagen muss: Nie wieder!
Na? Das ist ja klar!

Ich persönlich habe keinen Juden …
in der näheren Bekanntschaft.
Also sagn ma s amoi so …
Nicht dass ich wüsste!.
Weil es is ja auch ein Schmarrn, äh, dass man die gleich erkennt.

Obwohl viele, sehr viele berühmte Persönlichkeiten
Äh DING äh Einstein …. äh
Ranitzki … Reich sogar, Ranitzki, äh äh oder auch … Musik!
Ye… Yemuhi Gehduhin, also Kulturelle, die es ja auch gegeben hat.

Wenn ma do genauer hinschaut,
erkennt man schon
„Des werd scho einer sein!", aber …

Im Alltag, da ist das ja selbstverständlich, dass die eher nicht

erkannt werden wollen, ne, mit dene ...
Locken und de Kappis, nan
Äh also ... i kenn da koan!

Auch bei Bill Gates, wo i jetzt 100prozentig ...
Da hätt ich 100 pro gewettebbt, dass der
oana is.
Aber DAS ist jetzt interessant!

Der is koana!
Obwohl er oaner von de reichsten Männer ...
Der is koana!
Das ist jetzt interessant!

Oiso unterm Strich ... muss i sagn,
Es ist für uns alle besser,
wenn ned zvui drüber gredt werd.

Weil am Ende hoasst's dann wieder: Jaaaaa ....
Und des bringt dene nix
und uns aa nix

(trinkt aus)

In Straubing hatte ich nach einem Klezmer-Konzert Roman Schaffner und seine Frau Iwona Roszkowski kennengelernt, die mir vom Leben und Wirken des polnisch-jüdischen Schriftstellers, Arztes und Reformpädagogen Janusz Korczak erzählten. In Polen kennt jeder seine Kinderbücher.

Im Warschau der 1930er Jahre leiteten er und Stefa Wilczynska das „Dom Sierot", ein Waisenhaus . Nach dem Einmarsch der deutschen Wehrmacht wurden alle jüdischen Bürger der Stadt ins Ghetto gezwungen, und als das Ghetto nach einem Aufstand aufgelöst wurde, wurden Korczak, seine Kolleginnen und die Kinder in das Vernichtungslager Treblinka deportiert.

Es reifte die Idee, ein Theaterstück, ein musikalisches Kammerspiel zu schreiben, der ich mich 2022 widmete. Das Stück *Das Spil* wurde schließlich 2023 im zweimal ausverkauften Straubinger Theater am Hagen uraufgeführt. Unter meiner Regie und mit einem sechsköpfigen Orchester wurde es umgesetzt von jungen Schauspieler*innen der Hochschule der Darstellenden Künste in Stuttgart. 2024 wurde auch ein Hörspiel dazu produziert.

Kapitel 22
Post-Corona und Post-Patriarchat

Die Live-Auftritte sind auch in der Nach-Corona-Zeit längst nicht mehr existenzsichernd. Es fehlt letztlich der Mut an allen Ecken und Enden. Viele Bühnen gibt es nicht mehr, das Publikum bleibt noch immer auf Sicherheitsabstand, zudem sitzt seit der Inflation das Geld nicht mehr so locker. Nur gut, dass ich von jeher auf vielen Hochzeiten tanze …

Apropos tanzen, seit einigen Jahren unterrichte ich Salsa und alle drei Tage bin ich in den entsprechenden Clubs und gebe mir das!

Anfang 2023 bekam ich einen Anruf. Das *vereinsheim*, eine ziemlich coole Nachwuchsbühne in der Schwabinger Occamstrasse, erfand die Serie *Gemischtes Doppel* – zwei Acts, die sich mögen und sich einen Abend teilen.

Ob ich eine Idee hätte? Ich hatte eine. Seit vielen Jahren kenne ich Julia von Miller, sie war sogar schon Background-Vokalistin in meiner *Innersoul*-Band. Vor Jahren führte ich auch Regie für ein Programm der fetzigen Frauen-Band *String of pearls*, bei der Julia lange Zeit spielte. Ich machte ihr einen

verwegenen Vorschlag: Statt uns vereinzelt auf Teil 1 und Teil 2 oder summarisch unsere Sachen in das *Gemischte Doppel* einzubringen, könnten wir doch gleich ein Programm zimmern?

Seit vielen Tausend Jahren haben wir das Patriarchat, eine blutige Historie. Betrachten wir, wozu das geführt hat, sollten wir auch dieses Fossil zu Grabe tragen. Die Zukunft ist weiblich.

Im gemeinsamen Programm *Jurassic Parc* plaudern, singen und tanzen jetzt Julia und ich über die absurden Auswüchse der Machtmännchen.

Premiere war am 8. Oktober 2023 im Münchner Hofspielhaus, ein kleines Theater in der Innenstadt und erfolgreich – weil von einer Frau geführt :-).

Eine Nummer von mir, ursprünglich für *Abgehängt* geschrieben, passt da wie die Faust aufs Auge.

JURASSIC PARC
WILD LIFE KABARETT

... AUS DEM
FREILAUFGEHEGE DES
PATRIARCHATS

ES ABENTEUERN, SINGEN UND ... TANZEN
ECCO MEINEKE & JULIA v. MILLER

Text 45

Fettesser

Gewerkschafterin an einem imaginären Rednerpult. Sie spricht in ein imaginäres Mikrofon und spricht das Echo des imaginären Kundgebungsplatzes selbst mit.

„Liebe Kolleginninnen, zum Abschluss der Streikkundgebung-gebung unserer Frauengewerkschaft HIV-IV spricht-icht jetzt der Vorstandsvorsitzende unserer Vereinigung-nigung, unser geschätzter Kollege Fettesser-esser."

Applaus. Gewerkschafter FETTESSER tritt ans Rednerpult. Auch er spricht sein Echo mit.

„Ich danke der Kollegin für die einleitenden Worte!

Liebe Kolleginnen!

Für den harten Arbeitskampf der letzten Wochen und Monate haben wir von der Frauengewerkschaft HIV-IV-IV „Halbtagsschlampen Illustriertentitten Vermehrungsmaschinen" ein Ergebnis erzielt, das sich sehen lassen kann!

Gerade für uns Frauen, Huren und sexuelle Dienstleisterinnen konnte die Gefahr abgewendet werden, dass die Unternehmen nach Thailand abwandern oder in den Kosovo-osovo-osovo. Wir haben jetzt eine Jobgarantie, Kolleginnen!

Der Hohn für eine halbe Stunde Anal DARF DIE MARSCHE VON FUFFZICH EURO nicht unterschreiten-reiten-reiten!

Dafür stehe ich!

Dafür steht der gesamte Triebsrat-triebsrat-triebsrat!

Denn es ist und bleibt eine soziale Unverschämtheit-verschämtheit, dass wichtige Schlüssel-positionen-sitionen in Frauenangelegenheiten noch immer von Männern besetzt sind-setzt sind!

Und deshalb heißt unsere Gewerkschaftsparole nach wie vor: Wir-wir Frauen-Frauen lassen uns nicht länger verarschen!

Dank euch Kolleg*innen!

Nun, die Zukuft gehört den Frauen! Und damit schließe ich fürs Erste, liebe Leser*innen!

Es gibt verdammt viel zu tun und es wäre nur töricht, die Herausforderungen ohne Spaß anzugehen. Wie sagte einst Emma Goldman, die amerikanische Anarchistin?

„Wenn ich nicht tanzen kann, will ich eure Revolution nicht."

Ich jedenfalls will weitertanzen.

Veni, vidi, venceremos.

Nachwort

Im September 2023 erhielt ich von der Schriftstellervereinigung der Münchner Turmschreiber den *Bayerischen Poetentaler* für mein „Schaffen als Kabarettist, Musiker und Sänger in den Sparten Soul, Jazz, Folk, Klezmer und Chanson".

Anfang 2025 werde ich mit einem 5. Soloprogramm herauskommen. Arbeitstitel „Future – Muss ja!". Ja, ich habe noch viel vor und mit Lisa Atzenbeck von *Schall und Hauch* eine Agentin gefunden, die für mich das Booking übernimmt. So kann ich weiterspinnen und schauen, ob sich nicht doch noch ein Licht hinter dem Tunnel findet.

Kabarett-Texte

Register

Meine Webseite
www.eccoland.de

Kabarett Workshops
https://ecco-meineke.de/coach/kabarett-workshops/

Booking
https://schall-und-hauch.de/
Agentur Schall & Hauch
Lisa Atzenbeck
+49 1577 40 122 19
info@schall-und-hauch.de

Bildnachweis

Seite 7: Bernd Satzinger
Seite 11: Ingeborg Meineke
Seite 13: Franz Krisch
Seite 22: Dominik Parzinger
Seite 26: Verena Gremmer, Studio Gremmer
Seite 29: Hanni Schmidt (Liederbühne Robinson, Dreimühlenstraße)
Seite 46: Video-Still
Seite 50: Hermann Posch
Seite 51: Sandra Vogell
Seite 60: Holger Kast
Seite 67: Dieter Schnöpf
Seite 68: Matthias Hataj
Seite 69: Internet movie database
Seite 70: Dominik Vierneisel
Seite 73: Lach- und Schießgesellschaft
Seite 75: Lach- und Schießgesellschaft
Seite 76: Lach- und Schießgesellschaft (Kammerspiele Hamburg)
Seite 81: BF Simon (Pollitbüro Hamburg)
Seite 82: Grisi Ganzer (Pollitbüro Hamburg)
Seite 94: Grisi Ganzer
Seite 98-99: Sven Vogt & Gerd Kienberger, https://commons.wikimedia.org/wiki/File:Panorama_hintertuxer_gletscher_Feb_2007.jpg
Seite 100: Stefan Hanitzsch
Seite 103: Bernd Schweinar

Seite 104: Nina Kemper
Seite 105: Peter Spielbauer (Zeltbühne Icking)
Seite 106: Arno Trümper
Seite 109: Jürgen Hartlieb
Seite 111: Bayrischer Rundfunk (Otti's Schlachthof)
Seite 113: Video-Still
Seite 115: Bernd Schweinar (Lach- und Schießgesellschaft)
Seite 116: Bernd Schweinar
Seite 118-119: Janine Guldener
Seite 126 (oben): Oscar Henn (Prinzregententheater)
Seite 126 (unten): Susanne Brill
Seite 129: Verena Gremmer, Studio Gremmer
Seite 131: Kate Flaccus
Seite 137: Kate Flaccus Well (Deutsches Theater)
Seite 141: B. Satzinger (Hinterhoftheater)
Seite 145: IMAGO / Lindenthaler
Seite 149: Video-Still
Seite 152: Alexander Müller-Elmau
Seite 154: Kate Flaccus